INTRODUCTION TO LEARNING FACILITATOR

창의적 인적자원개발을 위한

러닝퍼실리테이터 입문

홍진용·박수홍·김두규 공저

학지사

이 저서는 2017년 정부(교육부)의 재원으로 한국연구재단의 지원을 받아 출판되었음
(NRF-2017S1A3A2067778).

책을 시작하며

  대표저자인 홍진용 박사는 2006년 5월 중앙공무원교육원에서 2박 3일간 실시한 Facilitator(이하 '퍼실리테이터') 역량개발과정에 입과하였고, 이시은 교수가 주도한 퍼실리테이터 교육활동에 참여한 것이 계기가 되어 퍼실리테이터 또는 튜터와 관련된 다양한 활동에 참여하여 연구의 깊이를 더해 갔으며, 2009년 'PBL 퍼실리테이터 육성 프로그램 개발' 분야의 논제로 박사학위를 받았다. 그 후 소속 직장에서 PBL 퍼실리테이터 육성 연수교육을 자체 운영하는 등 PBL 퍼실리테이터 발전에 노력을 기울여 많은 성과를 내었으며, 퍼실리테이터 분야에서 다양한 지식을 쌓기 위해 지속적으로 노력해 왔다.

  공동저자 박수홍 교수는 부산대학교 교육학과에서 실제적으로 LbD[1] Lab을 운영해 왔고, 『체계적 액션러닝』이라는 저서를 출판하였으며, 퍼실리테이터와 관련하여 다양한 경험과 전문지식을 가지고 있다.

  공동저자 김두규 박사는 교육방법 및 교육공학 분야에서 박사

---

1) LbD는 Learning by Doing의 약어로서 실천학습을 의미한다.

학위를 취득하고 부산대학교 교수학습지원센터에 재직하면서 인적자원개발(HRD) 및 LbD 분야의 교수법에 대한 연구를 꾸준히 해왔다.

우리는 이런 과정에서 일반적으로 설명하는 퍼실리테이터와 액션러닝(Action Learning) 퍼실리테이터, 액션러닝 코치, PBL 퍼실리테이터, PBL 튜터, 플립러닝 퍼실리테이터 등 퍼실리테이터 관련된 용어가 난무하고 이러한 용어들이 일반인에게 혼란을 일으키고 있음을 알았다. 그래서 이들의 개념을 정리해야겠다고 생각했다.

한편으로는 인공지능과 로봇, 빅데이터 출현 등으로 4차 산업혁명에 대비한 창의적 인적자원개발이 전 세계의 관심을 받고 있다. 이러한 창의인재 육성 교육의 중심에 있는 것이 학습자 중심 참여형 교육이며, 이런 교육을 잘하기 위해서는 기존의 교수자가 강의 중심의 수업에서 학습자 중심의 참여형 수업을 촉진하는 러닝퍼실리테이터로 바꾸어야 할 필요가 있다. 그런데 교수자들이 러닝퍼실리테이터에 대해 잘 알 수 있는 책이 부족한 상태여서 우리는 이에 대한 책을 집필해야겠다고 생각했다.

앞서 언급했던 액션러닝 퍼실리테이터, 액션러닝 코치, PBL 퍼실리테이터, PBL 튜터, 플립러닝 퍼실리테이터라는 용어 모두 학습을 촉진하는 '러닝퍼실리테이터'라고 볼 수 있다. 단지 적용되는 교수법만 다를 뿐이지 학습자 중심 참여형 교수법을 기반으로 하는 러닝퍼실리테이터의 활동 자체는 큰 차이가 없으므로 러닝퍼실리테이터로 통칭하여도 무방하다.

일반적으로 언급하는 퍼실리테이터와 러닝퍼실리테이터는 차이가 많다. 촉진자 역할이라는 넓은 의미에서는 같은 맥락을 가지고 있지만 러닝퍼실리테이터는 학습자 중심 참여형 교수법을 기반으로 하고 있기 때문에 교수법과 연계된 퍼실리테이션 활동을 한다는 차이가 있다. 즉, 퍼실리테이터 자격을 받은 사람이라도 학습자 중심 참여형 교수법에 대한 전문지식이 없으면 러닝퍼실리테이터 역할을 수행하기 어렵다.

그런데 일반 교수자들은 이러한 사항을 잘 모르고 있고 또 러닝퍼실리테이터의 개념과 정의가 무엇인지, 러닝퍼실리테이션을 잘하려면 무엇을 알아야 하고 어떻게 접근해야 하는지에 대한 지침서가 전혀 없는 상태이다. 이러한 현실적 문제를 해결하기 위해서 우리는 그동안 학문적·경험적으로 퍼실리테이터와 러닝퍼실리테이터에 대해 두루 섭렵해 온 지식과 경험을 기반으로 이 책을 집필하였다.

그러나 이 책이 학습자 중심 참여형 교육에서의 러닝퍼실리테이터로 입문하는 기본 지침은 될 수 있겠지만 실제적인 러닝퍼실리테이터 역량을 육성하는 데에는 한계가 있음을 밝혀 둔다. 왜냐하면 학습자 중심 참여형 교육에서의 러닝퍼실리테이터 역량을 육성하기 위해서는 실제적인 학습자 중심 참여형 교육에 직접 참여해 보는 것이 중요하기 때문이다. 실제 교육현장에서도 학습자들이 중심이 되어 참여형 활동이 일어나도록 해야 하는데 퍼실리테이션을 해야 할 교수자가 이론적 지식만 가지고 교수활동을 수행하는 것은 한계가 있을 수밖에 없다.

그럼에도 불구하고 이 책이 독자들에게 현재 러닝퍼실리테이터 관련 용어의 혼란을 줄여 주고 미팅 퍼실리테이터, 워크숍 퍼실리테이터 등 기존의 일반적인 퍼실리테이터와의 차이를 이해하며 러닝퍼실리테이터와 관련된 학습자 중심 참여형 교수법을 이해하는 데 많은 도움이 되리라 믿는다. 특히 러닝퍼실리테이터 역량을 개발하기 위해서 독자가 무엇을 해야 하는지를 알 수 있게 집필하였기 때문에 러닝퍼실리테이터가 되는 데 필요한 지침서로서의 역할을 할 수 있을 것으로 본다.

아무쪼록 이 책을 통해서 독자 여러분이 4차 산업혁명시대의 창의적 인적자원개발을 위한 러닝퍼실리테이터 역량을 개발하는 데 많은 도움이 되길 바란다.

2019년 5월
저자 일동

차례

학습자 중심 참여형 교수법 ········ 105

러닝퍼실리테이터의 역할과
발전 방향 ····························· 177

학습자 중심 참여형 교육과 러닝퍼실리테이터

이 장에서는 4차 산업혁명시대에 필요한 창의적 인적자원개발의 필요성과 학습자 중심의 자기주도 학습의 특성을 살펴보고 학습자 중심의 참여형 수업을 왜 하여야 하는지 그리고 학습자 중심의 참여형 수업을 잘하기 위한 수업 조건과 러닝퍼실리테이터가 무엇인지에 대해 살펴보고자 한다.

제1장
학습자 중심 참여형 교육과
러닝퍼실리테이터

1. 4차 산업혁명과 창의적 인적자원개발

과거 산업사회에서는 지식정보의 유통이 제한적이었고 한번 배운 지식을 직장에서 평생 적용할 수 있었다. 그러나 지식정보화 사회에서는 인터넷, 인트라넷, 소셜네트워크 등의 발달로 지식정보가 홍수와 같이 쏟아져 나오고 있다. 이러한 시대에 기존 강의식 교육방법만으로는 시대에 맞는 교육을 하기가 어렵다. 또한 지식정보의 변화 속도도 매우 빠르게 진행되고 있어 과거 산업사회에서 100년 걸릴 변화가 지금은 10년, 더 빠르게는 몇 년 만에 바뀌고 있다. 이렇게 지식정보의 수명주기가 매우 짧기에, 쏟아져 나오는 지식정보를 다 가르쳐 주려고 하면 그 시간 동안 새로운 지식정보가 계속해서 쏟아져 나오고 이미 배운 많은 지식정보는 쓸모가 없어진다. 그리고 로봇, 인공지능, 빅데이터를 활용한 기술이 발달하여 인간이 할 수 있는 단순 반복적인 일들뿐만 아니라 무인 자동차 등 상당히 지능적인 업무 분야까지 로봇이나 인공지능으로 대부분 대체될 수 있다.

　2016년 이세돌 9단과 구글의 '알파고'의 바둑 대전에서 '알파고' 가 이세돌 9단에게 승리함으로써 인공지능이 단순 반복적인 수 준의 일만 하는 데 그치지 않고 인간이 할 수 있는 많은 부분을 대신할 수 있다는 것이 입증되었다. 또한 전미 고용법 프로젝트 (National Employment Law Project: NELP)는 향후 20년 내에 현재의 직업 50% 이상이 없어진다고 하였으며, Thomas Frey(구글이 선정 한 최고 미래학자)는 2030년까지 20억 개의 일자리가 사라진다고 하였다.

　따라서 향후 인간이 할 일이 무엇인가에 대한 논의가 매우 심각 하게 다루어지고 있고 컴퓨터가 대신할 수 없는 창의적인 분야의 일들이 인간이 할 일들로 조망받고 있다. 그리하여 지식정보가 홍 수같이 쏟아져 나오고 있고 그 변화가 매우 빠르며 인공지능이 날 로 발달하고 있는 현대 및 미래에 대처하기 위한 방안으로서 특히 인적자원개발(HRD) 영역에서 창의적 인재개발이 핵심과제로 부 상하고 있다. 이러한 핵심과제를 해결하기 위해서는 교육방법을 바꾸어야 한다. 기존 교수 중심의 강의식 교육이 아니라, 학습자 스스로 학습을 하면서 창의력과 문제해결력, 협동심, 의사소통력 등을 기를 수 있는 학습자 중심의 참여형 교육이 필요한 것이다.

　이렇게 학습자 중심의 참여형 교육을 잘하기 위해서는 교수자 의 교수법이 바뀌어야 하고 학습자들의 의식도 바뀌어야 한다. 또 한 이를 지원하는 학습환경과 학습자원이 적절하게 지원되어야 하고 교육제도도 새롭게 정비되어야 할 것이다.

이 중에서도 가장 먼저 바뀌어야 하는 것은 교수자의 교수법이라 할 수 있다. 즉, 기존의 강의 중심의 교육에서 벗어나 학습자 중심의 참여형 수업을 할 수 있어야 하며, 이를 위해서는 교수자의 역할이 강의하는 사람에서 학습자의 학습을 촉진시켜 주는 러닝 퍼실리테이터로 바뀌어야 하는 것이다. 이렇게 할 때 4차 산업혁명 시대에 맞는 창의적 인적자원개발을 보다 효과적으로 할 수 있을 것이다.

2. 학습자 중심 자기주도 학습

1) 객관주의와 구성주의

객관주의와 구성주의에 대한 도서와 논문 등은 많지만 교육학에 대한 전문지식이 부족한 사람들은 글자 위주로 기술되어 있는 문서를 이해하는 데 어려움이 있다. 따라서 여기서는 이를 좀 더 쉽게 이해할 수 있도록 그림을 통해 설명하고자 한다. 물론 제시하고 있는 그림이 완벽하지는 않지만 객관주의와 구성주의를 이해하는 데 상당히 많은 도움이 되리라 생각한다.

객관주의는 [그림 1-1]과 같이 세상의 현상, 경험, 지식은 학습자의 경험과 별도로 외부에 객관적으로 존재하고 외부의 절대적 진리가 학습자의 내부 세계로 전이되는 것이며 교수자가 결정된 내용을 효과적으로 가르치면 모든 학습자가 같은 이해에 도달한다고 본다.

[그림 1-1] 객관주의 기반에서 지식이해과정

그러나 구성주의에서는 [그림 1-2]와 같이 세상의 현상, 경험과 지식은 존재하나 그 의미는 각각의 학습자들이 가지고 있는 기존의 경험과 지식을 기반으로 하면서 새로운 경험과 지식을 학습자 입장에서 재해석하여 받아들인다는 것이다.

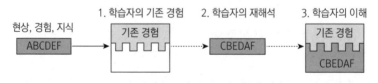

[그림 1-2] 구성주의 기반에서 지식이해과정

따라서 교수자는 가르치는 입장이 아니라 학습자 스스로 학습을 잘 할 수 있도록 환경을 설계하고 학습을 도와주는 학습촉진자, 코치, 보조자 역할을 하여야 한다는 것이다. 이러한 구성주의를 기반으로 한 학습이론은 1980년대 중반부터 활발하게 일어났는데, 교육학을 전공하지 않은 많은 교수자와 일반 사람은 아직 이러한 학습이론을 이해하는 데 어려움이 있다.

[그림 1-3]은 구성주의 기반하에서 강의식 교육을 할 때 나타나는 현상을 설명하는 것이다. 이 그림에서 보는 바와 같이 교수자

가 세상의 현상, 경험과 지식을 교수자의 기존 경험과 지식 기반
하에 재해석하여 받아들인 경험과 지식을 학습자들에게 주입식으
로 강의하면 각각의 학습자들은 그것을 또다시 학습자들의 기존
경험과 지식을 기반으로 재해석하여 받아들이고 이해한다. 이렇
게 교수자 강의라는 중간과정을 거치면서 최초로 발생한 경험과
지식이 각각의 학습자들의 경험과 특성에 맞게 구성되지 않으므
로 교수자가 아무리 강의를 잘 하더라도 교육의 효율성, 창의성은
매우 떨어지는 것이다.

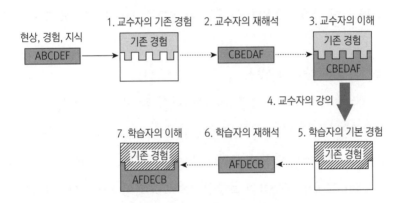

[그림 1-3] 구성주의 기반하에서 강의식 교육 시 나타나는 현상

반면, [그림 1-4]는 구성주의 기반하에서 학습자 중심의 구성주
의 교수법으로 교육을 할 때 나타나는 현상을 설명하는 것이다.
이 그림과 같이 학습자 중심의 구성주의 교수법으로 교육을 하면
학습자는 각자의 기존 경험을 기반으로 세상의 현상, 경험과 지식
을 재해석하여 받아들이고(교수자 강의라는 중간 유통과정 없이) 능

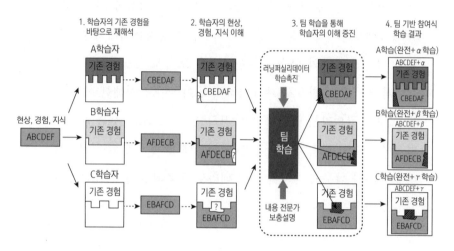

[그림 1-4] 학습자 중심의 구성주의 교수법으로 교육 시 나타나는 현상

동적인 학습 주체가 된다.

　그러나 학습자가 개별적으로 해석하여 받아들인 경험과 지식이 일부 불완전하거나 전체의 맥락에서 벗어날 수도 있다. 이러한 부분은 팀 학습에서 다른 동료 학습자와의 토론 및 정보교환을 통해서 그리고 내용 전문가의 보충설명으로 보완이 가능하다. 그럼으로써 학습자들은 각자 자신의 기존 경험을 기반으로 이해를 완성할 수 있을 뿐만 아니라 팀 내 다른 학습자의 경험을 받아들이게 되므로 완전학습에 추가하여 각 학습자별로 플러스(+) α, β, γ라는 더 많은 지식과 경험을 얻게 된다. 또한 각 학습자들은 이러한 자기주도 학습과 팀 학습을 통해 창의력과 문제해결력, 의사소통력, 협동심 등을 스스로 익혀서 창의적인 인재로 성장할 수 있다. 이러한 이유로 현대에 와서 많은 교육 전문가가 학습자 중심 참여형

으로 교육을 하여야 한다고 강조하고 있는 것이다.

학습자 중심 참여형 교수법에는 문제중심학습(Problem Based Learning: PBL), 액션러닝(Action Learning), 플립러닝(Flipped Learning), 목적중심시나리오(Goal Based Scenario: GBS), 캡스톤디자인(Capstone Design) 등이 있는데, 이러한 학습자 중심 참여형 교육에서 기존의 교수자들은 주입식 교육 강사가 아니라 학습자들이 스스로 학습하고 팀 학습활동이 활발하게 이루어지도록 도와주는 러닝퍼실리테이터(학습촉진자)로서의 역할을 하여야 한다. 그러나 많은 교수자는 기존의 강의 중심 교육의 관습을 버리기 어려워하고 교수자 본인 중심으로 교육을 유지하고 싶어 한다. 따라서 교수자들이 구성주의 학습이론을 잘 이해하여 학습자 중심 참여형 수업을 적극적으로 도입할 필요가 있다. 이렇게 될 때 학습자들도 능동적이고 창의적으로 바뀌어서 현대 지식정보화 사회와 미래사회에서 필요한 창의적 인재로 탄생할 수 있을 것이다.

2) 학습자가 수업의 중심에 있을 때 기대효과

수업이 학습자 중심으로 이루어지면 다음과 같은 효과가 있다.

첫째, 학습자가 수업의 중심에 있으므로 학습자가 수동적인 자세에서 능동적인 자세로 학습태도가 바뀌게 된다. 즉, 수업에 있어서 주인의식을 느끼게 되는 것이다.

둘째, 학습자의 학습동기가 강화되어 학습효과가 더욱 높아질 수 있다.

셋째, 학습자의 학습양식에 맞게 학습을 할 수 있어서 개인별 맞춤형 학습을 할 수 있다. 학습자는 개인별로 학습 속도도 다르고 선호하는 학습매체도 다르며, 선호하는 소리의 크기도 다르고 기존의 경험도 모두 다르다. 따라서 다양한 학습자의 학습양식을 고려하여 학습자 중심으로 맞춤형 학습을 하지 않으면 안 되는 것이다.

3. 학습자 중심 참여형 수업

1) 참여형 수업의 필요성

학습자가 수업에 참여하게 되면 학습태도가 능동적으로 되고 [그림 1-5]의 학습 피라미드에서와 같이 학습 후 평균 기억률이 75%로 높게 나타나지만 강의에 의존하여 듣기만 할 경우에는 학습 후 평균 기억률이 5%로 매우 낮다. 결국 교수자는 학습자에게 100%를 주기 위해서 열심히 강의를 했다고 생각하지만 학습자에게 기억되는 것은 5%밖에 안 된다는 것이다.

그럼에도 불구하고 우리는 왜 강의를 중심으로 수업을 진행하려고 하는 교수자가 많고 학습자들은 강의를 듣지 않으면 뭔가 배운 것 같지 않다고 생각하는 사람이 많은가? 그것은 기성세대들이 어릴 때부터 그렇게 교육을 받아 왔고 우리나라의 입시제도가 강제 주입식 교육을 할 수밖에 없는 환경으로 되어 있기 때문이다.

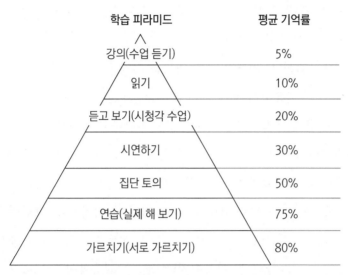

학습 피라미드	평균 기억률
강의(수업 듣기)	5%
읽기	10%
듣고 보기(시청각 수업)	20%
시연하기	30%
집단 토의	50%
연습(실제 해 보기)	75%
가르치기(서로 가르치기)	80%

[그림 1-5] 학습 피라미드와 평균 기억률

출처: National Training Laboratories, Bethel, Maine, USA

　그러나 앞의 학습자 중심의 구성주의 학습이론에서도 언급했듯
이 학습자 중심의 참여형 교육을 하면 결국 학습자가 학습을 주도
하는 경향이 더 많아지고 평균 기억률의 향상도가 높아진다. 또한
세상의 현실, 경험, 지식을 학습자 자신의 기존 경험하에 받아들
이기 때문에 교육의 이해도 및 완성도가 더 높아서 학습 효율성도
더욱 높아질 수 있다.

　중국 한나라 노장 조충국이 황제인 선제에게 백번 듣는 것보다
한 번 보는 것이 더 낫다고 하면서 적군의 인근에서 직접 관찰한
후 대책을 세워 적을 물리친 바가 있어 많이 인용되고 있는 문장
이 '백문이 불여일견'이다. 그런데 요즘 같은 IT 시대에는 '백견이
불여일행'이라는 말이 더 많이 인용되고 있다. 즉, 백번 보는 것 보

다 한 번 직접 해 보는 것이 더 낫다는 말이다. 따라서 마케팅도 체험 마케팅이 주목받고 있다.

현대사회의 사람들은 거의 대부분 차량에 내비게이션을 달고 있고 이를 이용하여 운전을 하고 있다. 그런데 많은 사람이 편리하기는 한데 점점 길치가 되어 가는 것 같다고 얘기하고 있다. 내비게이션이 시키는 대로만 하니 학습이 되지 않는 것이다. 내비게이션이 없을 때에는 찾아가는 길의 모든 과정을 묻고 찾는 등의 활동을 하면서 가므로 갔다 온 길을 거의 다 기억한다. 그런데 요즘은 내비게이션이 시키는 대로 가므로 대부분 기억하지 못한다. 이것은 일상생활의 한 현상이지만 이것을 교육학적으로 보면 학습자 중심의 학습이 아니고 내비게이션이라는 선생님이 주는 일방적인 지식에 의존하였기 때문에 나타나는 현상이라고 볼 수 있다. 이러한 여러 가지 사항을 볼 때 교육은 학습자 중심 참여형으로 해야 더 바람직한 결과를 얻을 수 있다.

2) 참여형 교육을 통한 기대효과

교육이 참여형으로 이루어지면 다음과 같은 효과가 있다.

첫째, 학습자 중심 참여형으로 교육을 하면 학습 결과에 대한 기억률이 높아진다.

둘째, 학습자 중심 참여형으로 교육을 하면 학습자들이 학습하는 과정에서 깊은 생각을 많이 하게 되므로 창의력이 길러진다. 육체적으로도 운동을 많이 하면 힘이 길러지듯이 정신도 생각하

는 학습을 많이 하면 생각의 힘이 길러져서 깊은 사고력과 창의력
이 높아지는 것이다.

셋째, 팀 토론과 질문과정을 통해서 의사소통 능력과 질문 능
력, 협력적 협동심, 비판적 분석 능력 등 현대사회에서 요구하는
많은 역량이 길러진다.

4. 학습자 중심 참여형 수업 조건

앞에서 학습자 중심 참여형 수업의 중요성과 필요성에 대해 여
러 가지 상황과 사례를 통해 알아보았다. 이제는 학습자 중심 참
여형 수업을 하려면 어떤 조건이 만족되어야 하는지를 다음과 같
은 범주에서 알아보고자 한다.

- 학습환경
- 학습자원
- 학습자
- 교수–학습 지원시스템
- 러닝퍼실리테이터
- 교육제도

1) 학습환경

학습자 중심 참여형 수업을 하기 위해서는 우선 학습환경이 잘 조성되어야 한다. 학습 팀(1개 팀당 5~7명)별로 학습활동이 잘 일어날 수 있는 교실 크기, 책걸상 배치, 학습활동을 지원하는 교구 등이 잘 준비되어야 학습활동이 잘 일어날 수 있다. 따라서 학습자 중심 참여형 수업을 위한 학습환경 구성방법에 대해 아는 것은 매우 중요하다. 이러한 세부적인 내용은 제2장의 '1. 학습환경 구성 능력'에서 더 자세히 설명할 것이다.

2) 학습자원

학습자원이란 학습에 필요한 모든 인적 · 물적 요소를 포함한다. 학습콘텐츠보다 포괄적인 의미인데, 학습자가 학습을 잘 할 수 있도록 하기 위해 학습콘텐츠만 있어서는 안 되기 때문이다. 학습자가 주어진 학습과제를 해결하기 위한 물적 자원으로는 교재, 디지털콘텐츠, 관련 도서, 관련 웹사이트, 관련 현장, 관련 장비 등이 해당되지만 인적 자원으로는 내용 전문가, 현장 전문가, 선배 및 동료 학습자 등 인적 커뮤니케이션을 지원할 수 있는 자원이 해당된다.

학습자가 주어진 과제를 해결하는 데 필요한 사항이라면 이러한 인적 · 물적 자원이 사전에 준비되어야 하고 특히 인적 자원 분야는 관련된 부서 담당자와 협의가 되어 있어야 한다. 이러한 사항은 과정 기획자가 학습을 기획할 때 준비해야 할 사항이며 초급 러닝퍼실리테이터가 담당할 사안은 아니다. 적어도 러닝퍼실리테이터 경험이 많은 중급 이상의 전문가가 담당하여 기획하고 준비해야 할 사항이다.

그런데 새롭게 러닝퍼실리테이터식 수업을 적용해 보려는 교수자들은 대부분 학습자원 준비까지 다 하려고 하는 경향이 있다. 그러나 무엇을 어떻게 해야 하는지 경험도 없는 상태에서 하다 보니 힘들어하고, 어렵게 준비해서 적용해 본다고 하더라도 실패하는 경우가 많으며, 그 결과로 학습자 중심 참여형 수업이 너무 힘들고 효과가 없는 것처럼 생각하여 포기하는 경우도 생긴다.

학습자원을 준비하는 것은 매우 중요하므로 앞에서 설명한 바와 같이 러닝퍼실리테이터 경험이 많은 교수자가 준비를 하는 것이 타당하다. 초급 러닝퍼실리테이터는 전문 러닝퍼실리테이터가 준비해 놓은 것을 바탕으로 현장 수업에 적용하는 수준으로 접근하는 것이 더욱 바람직하다고 할 수 있다.

3) 학습자

학습자 중심 참여형 수업을 효과적으로 달성하기 위해서는 학습자의 역할도 매우 중요하다. 즉, 학습자가 자기주도적으로 학습할 의사가 없으면 학습효과를 기대하기 어렵다. 따라서 학습자에게도 학습자 중심 참여형 수업의 필요성과 장점에 대한 교육과 수업 진행에 필요한 도구 사용법 등에 대한 기본적인 교육이 필요하다.

이렇게 학습자에게 사전에 교육을 실시하면 학습자가 자기주
도적으로 참여형 수업에 임할 수 있게 되고 적극적인 학습자로 활
동하게 된다. 이러한 과정과 준비 없이 기존에 교수자가 강의하는
내용을 받아들이기만 하던 학습자에게 갑자기 수업방법을 변경하
면 실제 수업 진행과정에서 행동으로 다 해 보고도 아무것도 배운
바가 없는 것처럼 느낄 수 있다.

4) 교수-학습 지원시스템

학습자 중심 참여형 수업을 위한 학습환경, 학습자원, 학습자
사전교육 등의 준비가 되면 수업을 진행할 수 있다. 그러나 수업
의 효율성을 더욱 높이기 위해서는 교수-학습을 효과적으로 지
원하는 지원시스템을 구축하는 것이 필요하다. 지원시스템은 학
습관리체계인 LMS(Learning Management System)와 LCMS(Learning
Content Management System)를 의미하는데, 요즘은 학습자들의 의
사소통을 지원하는 시스템을 더욱 강조하고 있다.

이러한 교수-학습 지원시스템으로서 기존에 출시되어 있는 대
부분의 시스템은 강의 중심 수업을 지원하는 시스템으로 개발되
어 있어 학습자 중심 참여형 수업을 효과적으로 지원하는 데 한계
가 있다. 따라서 학습자 중심 참여형 수업을 효과적으로 지원하는
교수-학습 지원시스템의 개발과 도입이 필요하다고 할 수 있다.

5) 러닝퍼실리테이터

학습자 중심의 참여형 수업 조건들이 준비되었으면 이를 기반으로 실제 수업에서 운영자 역할을 할 러닝퍼실리테이터가 필요하다. 이러한 러닝퍼실리테이터는 협의적으로 말하면 학습촉진자로서 실제 학습자 중심 참여형 수업을 운영하는 사람을 말한다.

러닝퍼실리테이터와 과정기획자의 개념은 다르다. 러닝퍼실리테이터는 수업 운영만 잘하면 되고 꼭 자기 과목이 아니더라도 러닝퍼실리테이터로 수업을 진행할 수도 있다.

그런데 일반적으로 대부분의 교수자가 자기가 직접 담당하고 있는 과목을 학습자 중심 참여형 수업으로 개선하려고 하는 경우가 많다. 그러다 보니 과정 기획부터 러닝퍼실리테이터 역할까지 다 하려는 경향이 있고 이에 따라 어려움을 호소하게 된다.

따라서 처음 러닝퍼실리테이션을 하는 교수자일 경우 전문가 또는 러닝퍼실리테이터 경험이 많은 주변 교수자의 도움을 받아서 진행하면서 몇 년간 경험을 쌓아 자립적으로 할 수 있는 상태로 발전시켜 나가는 것이 바람직하다.

러닝퍼실리테이터로서 수업을 잘 진행하기 위해서는 이와 관련하여 교육을 실시하는 교육과정을 이수하여 전문지식과 실제적인 경험을 해 보는 것이 중요하다. 학습자 중심 참여형 교육에서의 러닝퍼실리테이터 임무를 수행하겠다고 하는 교수자가 본인은 실제적인 학습자 중심 참여형 수업을 한번도 경험해 보지도 않고 강의나 참고 도서만 읽고 진행을 하다가 더 큰 어려움을 당하기 쉽다. 러닝퍼실리테이터에 대한 더욱 상세한 내용은 이 장의 '5. 참여형 교육의 연출가, 러닝퍼실리테이터'에서 더 자세히 설명을 할 것이다.

6) 교육제도

학습자 중심의 참여형 수업을 적용하는 것은 단순히 교수법 하나를 바꾼다는 개념이 아니고 조직의 학습문화를 기존과는 완전히 다른 형태로 바꾸는 것이기 때문에 교육제도적 문제도 바뀌어야 한다.

제도 가운데 제일 먼저 바뀌어야 하는 것은 평가제도이다. 기존의 평가방법으로는 학습 결과에 대한 올바른 평가가 불가하다. 동료평가, 학습참여도 평가, 교수자의 관찰평가, 과제평가 등 수업의 형태에 맞는 새로운 평가 개념을 도입하여 제도화하고 정착시키는 것이 중요하다. 더 크게는 이러한 평가의 변화에 따라 대학입시제도도 병행하여 바뀌어야 할 것이다.

5. 참여형 교육의 연출가, 러닝퍼실리테이터

1) 퍼실리테이터

퍼실리테이터의 개념에 대해서는 여러 가지 설명이 있지만 여기서는 주요한 설명 몇 가지를 기준으로 살펴보고자 한다.

우선, 채홍미와 주현희(2015)는 퍼실리테이션은 '일을 쉽게 하다' '촉진시키다'의 의미이며, 일반적으로 사람들 사이의 집단 의 사소통을 돕는 활동이라고 해석한다. 우리나라에서는 마땅하게 대체할 단어가 없어서 어려운 원어를 그대로 사용하고 있다. 구체 적으로는 회의, 포럼, 콘퍼런스, 워크숍, 강의 등에서 사람들이 함 께 정보를 공유하고 해답을 찾거나 계획을 세우고자 할 때 그 과 정을 돕는 활동으로서 그 역할을 수행하는 사람을 '퍼실리테이터' 로 설명하고 있다.

한국기업교육학회(2010)에서는 퍼실리테이터에 대해 "개인이나 집단의 문제해결 능력을 키워 주고 조절함으로써 조직체의 문제 와 비전에 대한 자신의 해결책을 개인이나 집단으로 하여금 개발 하도록 자극하고 돕거나, 교육훈련 프로그램의 실행과정에서 중 재 및 조정 역할을 담당하는 사람을 의미한다."라고 설명한다. 이 러한 퍼실리테이터의 역할은 팀 구성원들에게 질문을 던지고, 팀 구성원들의 생각에 맞서며, 한편으로는 독려하며 팀이 그들 자신 의 행동에 대해 더 잘 알도록 해 주는 것으로서, 팀이 취하는 다양 한 행동에 대한 피드백을 제공하고 성찰을 고무하며 학습자들이 문제를 어떻게 해결하고 있는지에 대해 성찰하고 학습을 촉진하 는 데 도움을 주는 것을 목적으로 하고 있다.

또한 위키백과사전에서는 "진행촉진자(facilitator)는 회의나 교육 등의 진행이 원활하게 되도록 돕는 역할을 말하며 촉진자, 퍼실리 테이터, 조력자, 조정촉진자, 학습촉진자라고도 한다."라고 설명하고 있다. 또한 "촉진자는 회의, 워크숍, 심포지엄, 교육 등에서 진행을 원활하게 하면서 합의 형성이나 상호 이해를 향해서 깊은 논의 또는 효과적인 교육이 이루어지도록 조정하는 역할을 하며, 때에 따라서는 의견 교환뿐만 아니라 시각에 호소하는 수법이나, 신체의 움직임이나 이동을 사용한 기법, 감정을 다루는 개입을 하는 경우도 있으며 참가자의 입장도 겸하는 경우도 있다. 이전에는 조직자(organizer)에게 포함되어 있던 역할이 진행과정의 전문가로서 분리 독립하게 된 것이다. 따라서 촉진자는 회의에서 다루어지는 내용 그 자체를 잘 아는 전문가일 필요는 없다."라고 설명하고 있다.

김미정과 유영만(2003)은 "퍼실리테이터는 팀 구성원들로 하여금 학습기회를 돌이켜 성찰하는 거울과 같은 존재"라고 설명한다. 퍼실리테이터는 질문을 던지고 팀 구성원들의 생각에 맞서며, 한편으로는 독려하고 지원한다. 팀이 그들 자신을 알도록 도와주고, 여러 가지 다른 접근방법을 시도하고 그들 자신의 행동에 대해 더 잘 알도록 해 주는 것이 바로 퍼실리테이터의 역할인 것이다. 미팅의 연속성과 서로에게 얼마나 도움을 잘 주도록 하는가는 퍼실리테이터에 의해 증진될 수 있다. 퍼실리테이팅의 목적은 궁극적으로 학습을 가속화시키는 것으로, 팀이 취하는 다양한 행동에 대한 피드백을 제공하고 성찰을 고무하며 학습자들이 문제를 어떻게 해결하고 있는지에 대해 성찰하고 학습을 촉진하는 데 도움을 주는 것이라고 설명한다.

이상에서와 같이 퍼실리테이터라는 용어는 회의, 포럼, 콘퍼런스, 워크숍, 강의, 교수-학습 등에 포괄적으로 사용되고 있는데, 광의적·포괄적으로는 적용하는 분야가 다르더라도 퍼실리테이터 개념의 맥락은 같을 수 있지만 실천적 현장에서 실제 퍼실리테이터가 활동하는 형태에는 많은 차이가 있다.

회의나 포럼, 콘퍼런스, 워크숍에서의 퍼실리테이터 활동과 교육을 목적으로 하는 교수-학습 활동에서의 퍼실리테이터의 활동 간에는 많은 차이가 있어서 이를 모두 퍼실리테이터로 규정하고 같은 활동으로 묶어서 설명하기에는 어려움이 많다. 특히 학습자 중심의 참여형 교수-학습 활동을 하는 교육현장에서는 이러한 설명을 기반으로 실제적으로 적용하기에는 어려움이 많다.

따라서 일반적인 퍼실리테이터와 구분되도록 교수-학습 활동을 위주로 하는 수업에서의 퍼실리테이터를 러닝퍼실리테이터로 구분하여 설명할 필요가 있다.

2) 러닝퍼실리테이터

앞서 퍼실리테이터에 대해서 설명한 바와 같이 포괄적인 측면에서는 퍼실리테이터와 러닝퍼실리테이터의 기본 맥락과 추구하는 방향성은 같다고 볼 수 있지만 실천적 현장에서는 퍼실리테이터와 러닝퍼실리테이터의 활동은 많은 차이점을 가지고 있어 같은 맥락으로 설명하기 어렵다. 특히 교수-학습을 목적으로 하는 러닝퍼실리테이터의 활동은 일반적인 퍼실리테이터의 활동과 많은 차이점이 있다. 그럼에도 불구하고 이에 대한 개념을 명확히 정의하는 노력이 부족하여 많은 교수자에게 혼란을 초래하고 있는 실정이다. 따라서 교수법과 관련된 러닝퍼실리테이터의 종류들을 살펴보고 이를 토대로 러닝퍼실리테이터의 개념을 정의하고자 한다.

(1) 러닝퍼실리테이터 종류

러닝퍼실리테이터는 기본적으로 학습자 중심의 참여형 교수법을 기반으로 퍼실리테이션 활동을 하는데, 대표적인 학습자 중심의 참여형 교수법으로는 액션러닝(Action Learning), 문제중심학습(Problem Based Learning: PBL), 캡스톤디자인(Capstone Design), 목적중심시나리오(Goal-Based Scenario: GBS), 플립러닝(Flipped Learning) 등이 있다. 따라서 이러한 교수법을 기반으로 러닝퍼실리테이터의 종류를 말한다면 액션러닝 퍼실리테이터, 문제중심학습 퍼실리테이터, GBS 퍼실리테이터, 캡스톤디자인 퍼실리테이터, 플립러닝 퍼실리테이터 등으로 분류할 수 있다.

이와 같은 각각의 교수법은 학습자 중심 참여형으로 수업을 한다는 맥락은 같지만 각각 고유의 핵심프로세스를 가지고 있을 뿐만 아니라 교육에서 적용하는 상황이 조금씩 차이가 있다.

따라서 러닝퍼실리테이터는 이러한 교수법의 프로세스뿐만 아니라 〈표 1-1〉과 같이 각 단계별로 수행목표가 무엇인지를 알아야 한다. 또한 수행목표를 달성하기 위해서 어떤 학습활동이 일어나도록 할 것인지와 학습활동이 잘 일어나도록 하기 위해서 실시해야 할 러닝퍼실리테이터 핵심활동사항이 무엇인지 그리고 이를

지원하는 지원요소는 무엇인지 등을 사전에 잘 파악하고 있어야
한다.

〈표 1-1〉 러닝퍼실리테이터 가이드라인 형태

핵심 프로 세스	시간 (합)	수행 목표	핵심활동사항		지원요소		결과물	학습 환경
			학습자	러닝퍼 실리테 이터	학습자	러닝퍼 실리테 이터		

러닝퍼실리테이터로서 알아야 할 학습자 중심 참여형 교수법의
전문적인 내용에 대해서는 제3장에서 자세히 다룰 것이다.

(2) 러닝퍼실리테이터 개념 및 정의

① 러닝퍼실리테이터 개념

러닝퍼실리테이터에 대한 이해를 돕기 위해서 연극 · 영화에서
의 연출가와 러닝퍼실리테이터를 비교하여 설명하고자 한다.

러닝퍼실리테이터는 연극 · 영화에서의 연출가와 유사하다. 실
제 무대에서 연기를 하는 사람은 배우들이고, 관객들은 연극이나
영화를 보는 과정에서 배우들만 볼 수 있고 연출가는 보이지 않
는다. 그런데 배우들이 연기를 잘 할 수 있도록 무대를 준비하고

총체적으로 지원하고 조력하는 사람이 바로 연출가이다. 이러한 연출가들의 조력이 없으면 아무리 뛰어난 배우라 할지라도 연기를 잘 할 수 없다.

교수-학습에서의 러닝퍼실리테이터도 이와 마찬가지이다. 지금까지 많은 교수자가 무대에 직접 올라가서 연기와 같은 강의를 했고 학생들은 관객이었다. 그래서 학생들은 수동적인 자세로 교수자들의 강의를 듣고 있었고 그나마 그 강의가 자신의 학습스타일과 잘 맞으면 수용을 하지만 잘 맞지 않으면 어려움을 겪어야 했다.

그런데 이제는 교수자가 직접 무대 위에 올라갈 것이 아니라 학습자들을 무대 위에 올려서 학습자들이 연기를 할 수 있도록 교수자들은 연출가, 즉 러닝퍼실리테이터 역할을 하여야 한다. 배우가 무대에서 연기를 잘 할 수 있도록 연출자가 모든 준비를 하듯이 학습자들이 무대, 즉 교실 등의 학습환경에서 학습자 중심의 자기주도 학습을 참여형으로 잘 할 수 있도록 교수자가 이와 관련된 모든 준비를 사전에 철저히 하여야 하고 실제 교수-학습 현장에서는 학습촉진을 하는 러닝퍼실리테이터 역할을 할 수 있도록 하여야 한다. 이렇게 교수자의 활동이 바뀔 때 학습자는 능동적인 학습활동, 즉 Learning by Doing을 할 수 있고 창의적인 인재로 태어날 수 있다.

Learning by Doing이 잘 되도록 하기 위해서 교수자는 사전에 준비해야 할 사항들, 즉 학습환경 구성, 학습자원 준비, 학습활동에 필요한 다양한 학습 기자재 준비, 학습활동을 촉진하기 위한 지원요소들 등을 어떻게 준비해야 하는지에 대해 알아야 한다. 그리고 학습활동이 능동적으로 잘 진행될 수 있도록 하기 위해서는 무엇을 알아야 하고 무엇을 준비해야 하며 어떻게 활동해야 하는지 등에 대해서도 알아야 한다. 이를 위해서는 러닝퍼실리테이터와 관련된 교육과정을 이수하거나 연구를 통해서 역량을 길러야 한다. 따라서 Learning by Doing을 지향하는 러닝퍼실리테이터는 일반적인 퍼실리테이터와는 그 개념이 다르다고 볼 수 있다.

② 러닝퍼실리테이터 정의

현재 러닝퍼실리테이터에 대한 정의가 명확하게 되어 있지 않아 많은 교수자가 혼란을 겪고 있다. 따라서 각 학습자 중심의 참여형 교수법 유형별로 사용하고 있는 실제적 현상을 종합하여 러닝퍼실리테이터에 대해 정의하고자 한다.

앞서 설명한 '액션러닝 퍼실리테이터' 'PBL 퍼실리테이터' 외에도 '캡스톤디자인 퍼실리테이터' '플립러닝 퍼실리테이터' 등 대부분의 학습자 중심 참여형 교수법에서 퍼실리테이터의 핵심은 각 교수법의 핵심프로세스를 기반으로 한다는 것이다. 이러한 핵심프로세스별로 이루어져야 할 학습자 활동과 퍼실리테이터 활동에 대한 지식과 실천적 경험이 없으면 러닝퍼실리테이터 임무를 수행하는 데 어려움이 있을 수밖에 없다.

따라서 Learning by Doing을 기반으로 하는 러닝퍼실리테이터의 개념을 일반적인 퍼실리테이터의 개념과 달리하여 다음과 같이 정의하고자 한다.

'러닝퍼실리테이터는 학습자 중심 참여형 교수법의 핵심프로세스를 기반으로 학습자 개인이나 팀에게 학습활동을 촉진하여 부여된 임무 · 문제 · 프로젝트 · 상황 등을 효과적으로 수행하도록 하여 학습목표를 달성할 수 있도록 할 뿐만 아니라 이러한 과정을 통해 학습자들이 창의력과 문제해결력, 협동심, 의사소통 능력 등을 육성할 수 있도록 조력하는 교수자를 의미한다.'

3) 학습자 중심 참여형 교수법과 러닝퍼실리테이터

퍼실리테이터와 러닝퍼실리테이터의 차이점이 무엇인지를 지금까지 살펴본 결과, 가장 큰 차이점은 러닝퍼실리테이터는 학습자 중심 참여형 교수법을 기반으로 Learning by Doing을 한다는 것이다. 즉, 학습자 중심 참여형 교수법을 모르면 러닝퍼실리테이터로서의 역할을 기대하기가 어렵다.

이러한 학습자 중심 참여형 교수법으로 지칭되는 대부분의 교수법은 구성주의를 기반으로 하고 있다. 즉, 교수자가 강의하는 내용을 여과없이 그대로 받아들이는 것이 아니라 학습자의 기존 경험을 기반으로 재해석하여 받아들인다는 것이다. 그런데 이러한 학습자들의 기존 경험은 학습자마다 다르기 때문에 강의형태의 수업방법으로는 학습자의 개별 경험에 맞게 수업을 진행하기기 어렵다. 그래서 학습자 중심 참여형 교수법이 더욱 필요한 것이다.

학습자 중심 참여형 교수법으로 많이 활용하고 있는 교수법은 앞서 언급했듯이 문제중심학습, 액션러닝, 캡스톤디자인, 목적중심시나리오, 플립러닝 등이 있다. 이러한 교수법들은 모두 Learning by Doing을 기반으로 수업을 진행한다. 즉, 학습자들이 직접 참여하여 행동으로 실천하여 학습하도록 하는 수업이다. 따라서 수업이 학습자 중심으로 이루어지고 교수자는 학습촉진자 및 조력자로서 러닝퍼실리테이션 활동을 하는 것이다.

  그런데 일반적으로 이러한 학습자 중심 참여형 교수법과 러닝퍼실리테이션에 대해 잘 모르고 있는 기존의 강의 중심 수업을 한 교수자들은 학습자가 다 알아서 하면 러닝퍼실리테이터가 하는 역할이 없지 않느냐고 반문을 하는 경우가 많다. 앞서 러닝퍼실리테이터의 개념을 설명하면서 연극 · 영화에서의 연출가와 러닝퍼실리테이터를 비교하여 설명을 한 바가 있다. 즉, 연극 · 영화 제작 시에는 연출가가 직접 무대에 올라가지 않고 배우가 무대에 올라가 연기를 하도록 하여 제작이 완료된 작품에서 관객은 연출가를 의식하지 못한다. 그런데 여기서 주목해야 할 것은 배우가 무대에서 마음대로 연기를 잘 할 수 있도록 하기 위해 사전에 치밀한 계획 수립과 환경 조성, 지원요소 준비와 같은 연출가의 활동이 있었기 때문에 훌륭히 만들어진 작품에 대한 관람이 가능한 것이다.

  학습자 중심 참여형 수업에서도 마찬가지이다. 러닝퍼실리테이터가 실제 수업현장에서는 기존의 강의하는 교수자처럼 직접 나서서 강의를 하지는 않지만 학습자들이 자기주도적으로 학습활동을 잘 할 수 있도록 학습환경을 조성하고, 수업의 진행 방향을 결정하고, 필요한 지원요소들을 준비하는 등 사전에 철저한 준비활동을 하여야 실제 수업에서 학습자 중심으로 잘 진행될 수 있고 학습효과와 효율성도 높아진다.

기존의 강의 중심으로 수업을 진행했던 교수자들은 이렇게 학습자 중심 참여형 교수법을 기반으로 퍼실리테이터식으로 수업을 해 본 경험이 없으므로 이해를 잘 하지 못하고 기존의 수업과는 완전히 다르기 때문에 적응하기 어려워하는 경우가 많다.

그러나 4차 산업혁명시대에는 인공지능과 로봇, 빅데이터의 진화 등으로 인해 대부분의 단순한 일이 인공지능과 로봇으로 대체되어 기존의 많은 직업이 사라지는 현상이 발생하고 있다. 이때 사람들에게 정말 필요한 것은 로봇이나 인공지능이 할 수 없는 창의적인 분야의 일들이다. 그래서 창의적 인적자원개발이 핵심 관심사항이 되고 있는 것이다.

창의적 인적자원개발을 하기 위해서는 학습자 중심 참여형 교수법으로 수업을 하여 학습자들에게 창의력과 문제해결력, 의사소통 능력, 협력심 등을 길러 주어야 한다. 따라서 교수자들은 러닝퍼실리테이터식 수업을 할 수 있도록 하는 노력이 필요하다.

러닝퍼실리테이터
기본 역량

학습자 중심 참여형 교수법으로서 문제중심학습, 액션러닝, 캡스톤디자인, 목적중심시나리오, 플립러닝 등이 있음을 설명한 바가 있다. 이러한 교수법들은 각자 고유의 핵심프로세스를 가지고 있지만, 공통적으로 사용되는 역량이 있다. 이를 러닝퍼실리테이터가 길러야 할 기본역량으로 본다. 따라서 이 장에서는 러닝퍼실리테이터의 역할을 잘 수행하기 위해서 필요한 기본 역량에 대해 설명하고자 한다.

제2장
러닝퍼실리테이터
기본 역량

1. 학습환경 구성 능력

학습자 중심 참여형 수업을 위한 설계가 끝나고 실제 수업을 진행하는 데 있어서 러닝퍼실리테이터가 가장 먼저 신경을 써야할 부분은 학습환경을 구성하는 것이다. 이것이 수업 준비의 시작이다. 수업 전에 반드시 사전 답사를 한 번 하고 학습환경을 효과적으로 구성하기 위한 대안을 수립해야 한다. 따라서 분야별로 학습환경을 구성하는 방법에 대해서 살펴본다.

1) 물리적 환경의 효과적 활용

◆ 교실의 크기 및 책걸상 배치

학습자 중심 참여형 수업에서 교실의 크기와 책걸상 배치는 매우 중요하다. 교실이 너무 크면 학습자들이 집중을 잘하지 못하고 안정감이 없으며 상호관계가 잘 형성되지 않는다. 학습자들의 숫

자에 비해 공간이 너무 크면 학습자가 공간의 크기에 위압되어 불
안하거나 산만해지며, 교실이 너무 길어서 뒤가 비거나 앞이 비게
되면 안정감이 떨어지기 때문이다. 또한 학습자와 러닝퍼실리테
이터의 거리가 너무 멀어도 집중이 떨어진다. 따라서 교실은 [그
림 2-1]과 같이 5~7명을 수용하는 소형 세미나실 정도가 가장 이
상적이다.

[그림 2-1] 학습자 중심 참여형 수업장면

　그러나 기존의 학교 교실은 많은 인원을 수용하는 형태의 큰 교
실이 많으므로 낮은 칸막이로 팀 간의 영역을 구분하여 팀 활동이
서로 방해되지 않도록 하는 것이 좋다. 상황이 여의치 않으면 불
가피하게 칸막이를 설치하지 않고도 수업을 해야 하는 경우가 있
을 수도 있겠지만, 이 경우에도 팀 간의 소음 등에 의해 상호 학습
활동이 방해받지 않도록 최대한 배려를 해야 한다.
　그리고 교실의 벽면은 전체에 화이트보드를 설치하여 언제 어

디서나 학습자들이 쓰고 그림을 그리는 것과 같은 학습활동을 자
유롭게 할 수 있도록 하는 것이 좋다. 이렇게 할 수 없을 때는 학습
팀별로 플립차트나 화이트보드를 배치하여 학습활동을 하도록 하
는 것이 좋다.

책걸상은 팀원들 간 토의를 할 때 대화내용이 크지 않아도 들을
수 있고 상호 자료교환 등 학습활동을 쉽게 할 수 있도록 가급적
거리를 좁혀 배치하는 것이 좋다. 그렇다고 해서 인원수에 비해
너무 좁은 교실도 역시 바람직하지 않다. 팀원 간에 적당한 개별
공간이 유지되어야 안정감을 가진다. 옆 사람과 너무 가까우면 냄
새가 날 수도 있고 숨소리가 들릴 수도 있으며 자유롭게 활동하는
데 제한을 받기 때문에 장시간 교육하면 쉽게 피로하고 짜증이 나
는 등 교육 효율성이 떨어질 수 있다.

교실 안에서 전체 배치형태는 정방형이 되어야 학습자들이 가
운데로 모이고 집중이 잘 된다. 따라서 책걸상의 배치형태는 [그림

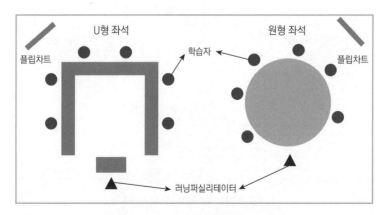

[그림 2-2] U자형, 원형 좌석 예시

2-2]와 같이 U자형, 원형, 또는 ㅁ자형으로 배치하는 것이 좋다. 그리고 U자형으로 배치할 때에는 맞은편 사람과 서로 자료를 주고받는 데 불편하지 않도록 적절한 거리를 유지해야 한다.

2) 팀 테이블 간의 간격 및 동선

팀별로 별도의 교육장을 제공하는 것이 가장 이상적이기는 하지만 기존의 교육장 대부분이 30명 이상을 수용하는 교육장이 많다. 따라서 한 교육장 안에 불가피하게 다수의 팀을 수용하더라도 다른 팀의 토론에 방해되지 않도록 적절한 간격을 유지해야 하며 동선은 러닝퍼실리테이터와 학습자의 이동에 불편이 없도록 구성해야 한다.

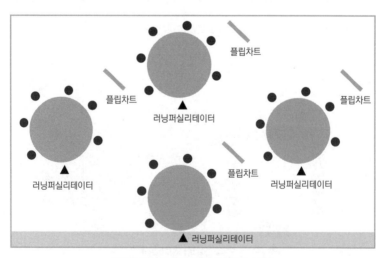

[그림 2-3] 팀 테이블 배치 예시

3) 멀티미디어 시스템 활용 환경 확보

러닝퍼실리테이터가 학습촉진자 역할을 효과적으로 하기 위해
서는 멀티미디어 시스템을 편리하게 마음대로 사용할 수 있도록
사전에 준비하는 것이 좋다.

수업하려고 하는 교실에 필요한 멀티미디어 시스템이 설치되어
있으면 그것을 잘 활용하면 되지만 만약 그렇지 않을 때에는 별도
의 필요한 조치를 취해서 최선의 멀티미디어 시스템을 확보하는
것이 좋다.

(1) 사운드 시스템

사운드 시스템은 쉬는 시간에 음악을 틀어 준다든지 동영상을
보여 줄 때 음향효과를 줄 수 있으므로 수업의 질을 높이는 데 활
용할 수 있다. 이러한 사운드 시스템이 교실 내에 잘 세팅되어 있
으면 좋겠지만 잘 되어 있지 않을 때에는 블루투스 스피커 등을
활용하여 수업 진행에 필요한 최선의 환경을 만드는 것이 좋다.

(2) 동영상 상영 환경

자신이 상영하고자 하는 동영상의 코덱이 해당 교실에 설치되
어 있는지 미리 상영을 해 보고 화면은 깨끗한지, 사운드와 연결
은 잘 되는지 등을 확인하는 것이 좋다. 이렇게 사전에 확인하지
않으면 수업 당일 동영상을 효과적으로 활용하지 못하는 상황이
생길 수 있다.

(3) 프로젝션 환경

러닝퍼실리테이터가 학습촉진활동을 위해 준비한 PT자료를 가지고 안내 설명 등의 활동을 할 필요가 있을 수 있다. 이러한 경우에 편리하게 활용할 수 있는 프로젝션 환경을 사전에 점검하고 확인하여 학습자의 학습활동을 방해하지 않으면서 자신이 편리하게 사용할 수 있도록 세팅을 해 둘 필요가 있다. 이렇게 하지 않으면 수업 당일 준비한 수업을 효과적으로 진행하지 못하는 상황이 생길 수 있다.

3) 학습활동 지원 교구

(1) 화이트보드 및 플립차트

소그룹 학습을 위한 전용 교실이 준비되어 있지 않다면 기존의 교실을 활용하여 각 팀별로 학습활동을 편리하게 할 수 있도록 화이트보드와 플립차트를 준비한다. 플립차트는 캔트지 전지 등 매우 큰 용지를 끼워 쓸 수 있고 넘기거나 빼내기 쉬운 형태로 제작하는 것도 좋고 문구점에서 판매하는 이젤과 이젤패드를 구매하여 사용하는 것도 좋다. 플립차트에 사용하는 전지 용지는 가급적 접착성이 있도록 제작된 것을 사용하면 플립차트에서 떼어 내어 벽면이나 주변의 공간에 부착하여 팀원들이 공유하도록 하는 데 유용하게 사용할 수 있다.

[그림 2-4] 화이트보드 및 플립차트

(2) 기타 필요한 교구

① 포스트잇: 큰 것, 작은 것 등 종류별로 팀의 인원수만큼 충분
히 준비하고 토론에 활용할 수 있도록 한다.

② 컬러펜: 빨강, 검정, 청색 등 종류별로 팀의 인원수만큼 충분
히 준비한다.

③ 노트: 화이트보드 및 플립차트에 기록되는 모든 내용을 기록
한 다음 팀원의 인원수만큼 복사하여 나누어 주기 위하여 팀
별로 1권씩 준비한다.

④ A4 용지: 개인 명패 만들기, 메모하기, 브레인라이팅 등에 활
용할 수 있도록 적절한 분량을 준비한다.

⑤ 캔트지 전지: 각 팀별 플립차트에 끼워 쓸 수 있도록 팀별로
20장 정도를 준비하고 가급적 뒷면에 접착성이 있는 것을 사
용한다.

⑥ 기타 자신이 필요한 수업 지원도구를 확보하여 수업 전에 세
팅을 해 두는 것이 좋다.

2. 팀 빌딩 능력

1) 팀 학습 개념

Senge(1990)는 "조직에서의 기본적인 학습단위는 개인이 아닌
팀이며 그 구성원들이 목표로 하는 결과를 공동으로 창출할 때 팀
학습이 생겨나며, 팀 학습은 구성원들이 진정한 대화와 집단적 사
고의 과정을 통해 개별 구성원들 능력의 총합보다 더 큰 지혜와
능력을 구축하는 과정"이라 하였다.

개별학습을 하면 1+1은 2이지만 팀 학습을 하면 2+α라는 개념
과 같다. 즉, 팀 학습의 결과는 산술적인 의미 결과의 값보다 더 큰
값과 가치를 가진다고 할 수 있다. 따라서 팀 빌딩을 통해 좋은 팀
을 구성하는 것은 매우 중요하다고 할 수 있다.

2) 팀 편성

(1) 팀 편성 개념

팀 편성(조 편성, 모둠 편성)은 팀의 구성원을 효과적으로 조직하
기 위해서 인원을 적절하게 나누는 것이다. 이러한 팀 편성은 무

작위로 할 수 있지만, 체계적으로 하면 팀의 활동성과 효율성을 더욱 강화할 수 있다. 즉, 교수자는 검증된 학습양식 검사지를 이용하여 학습양식을 검사하고 학습양식 결과에 따라 각 팀 내에 다양한 학습양식을 가진 학습자가 골고루 편성되도록 행정적으로 편성한다. 이것은 교수자가 일방적으로 편성을 한 팀이기 때문에 학습자의 입장에서 조정을 거칠 필요가 있다. 즉, 개별 학습자 간의 관계가 원만치 않아서 팀 조정을 원하거나 또 다른 이유로 팀을 조정해야 하는 상황이 생긴다. 이때에는 학습양식 검사에 따라 팀 편성이 잘 되어 있더라도 조정이 필요하다.

이러한 조정과정 없이 팀 빌딩 활동을 계속 진행하게 되면 개인 간의 갈등 심화 등으로 인해 어려움에 부딪힐 수도 있다.

(2) 학습양식 검사

학습자의 학습양식(Learning style, 학습스타일)은 제각기 다르다. 이는 구성주의 이론과도 매우 큰 관련이 있다. 학습자는 자기의 학습양식과 경험을 기준으로 학습하는데 이를 고려하지 않고 일방적으로 교수자가 지시적으로 수업을 진행하게 되면 능력이 있는 학습자도 수업을 포기할 수 있다. 따라서 학습양식 검사를 통해 각자의 학습양식 특성에 맞게 수업을 할 필요가 있다. 특히 팀학습일 경우에는 팀원 구성 시 다양한 학습양식을 가진 학습자가 팀에 고루 배치되어 팀의 의사결정이 획일적으로 되지 않고 다양한 의견을 수렴하여 더 합리적인 방향으로 이루어지도록 할 필요가 있다.

학습양식 검사방법은 여러 가지가 있지만 여기에서는 보편적으로 활용되는 Kolb의 학습양식 검사방법을 기준으로 설명하고자 한다.

Kolb(1984)에 따르면, 학습양식은 유전, 과거경험과 네 가지 학습방법에 대한 개인의 경향에 의해 결정되는데, 학습양식 검사지를 통하여 자신의 학습양식을 측정할 수 있다. Kolb의 학습양식 검사지는 학습자들이 정보를 획득하고 처리하는 과정에서 선호하는 방식을 결정하기 위해서 12개의 자기서술식 검사문항으로 되어 있는데, 이들 검사문항에 따라 실시한 검사 결과와 판정방법에 따라 학습자를 '분산자' '융합자' '수렴자' '적응자'로 판단한다. 이들 학습자의 학습양식에 대한 의미는 다음과 같다.

분산자　　분산자(diverger)는 학습에 있어 구체적 경험과 명상적 관찰이 뛰어난 편으로 상상력이 매우 풍부하다. 다각도로 구체적인 상황을 관찰하는 학습을 선호하므로 브레인스토밍(brain storming) 아이디어 회의와 같은 아이디어 산출을 요구하는 상황에서 가장 큰 성과를 올린다. 분산자는 사람에게 흥미를 느끼고 감정적인 경향이 있으므로 인문 교양학을 교육배경으로 한 사람들이 많다. 카운슬러, 조직개발 전문가, 인사관리자 등에 이러한 학습유형이 현저한 경향이 있다(Kolb, Rubin, & Mcltyre, 1971). 즉, 감성적이고 직관적이며 다양한 관점으로 볼 수 있는 능력과 함께 개방적인 사고를 하는 편으로 사람과의 관계를 선호하면서 넓은 영역에 있는 정보를 수집할 수 있는 유형이다. 다만, 결정을 내려

야 하는 문제 상황이나 이론 및 일반화에 집중해야 하는 경우에는
적합하지 않은 편이다(Jonassen & Grabowski, 1995).

융합자　　융합자(assimilator)의 특성은 추상적 개념화와 명상
적 관찰이다. 장점은 이론적 모형을 만드는 능력으로 귀납적 추론
과 분산되어 있는 관찰들을 통합하여 설명하는 능력이 뛰어나다.
추상적인 개념에 관심이 많지만, 이론을 실제로 적용해 보는 데에
는 별로 관심이 없다. 이론이 논리적으로 정연하고 정확한 것이
훨씬 더 중요하므로 이론이나 계획이 '사실'과 맞지 않는 상황에서
융합자는 사실을 무시해 버리거나 재조사하는 경향이 있다. 조직
에서는 이러한 학습유형이 연구부나 기획부에서 빈번히 발견된다
(Kolb et al., 1971). 한편, 사람이나 감정에는 관심을 기울이지 않으
며, 사적인 개입을 기피하는 편으로 이론을 실제로 적용하는 상황
에서는 능력을 발휘하기 어렵다(Jonassen & Grabowski, 1995).

수렴자　　수렴자(converger)의 특성은 추상적 개념화와 능동
적 실험에 있으며, 장점은 자신의 아이디어들을 실제로 적용한다
는 것이다. 이러한 유형의 사람은 한 가지 질문이나 문제에 대해
단 하나의 정답이나 해결안이 존재하는 정통적인 지능검사 같은
상황 하에서 학습을 가장 잘하며, 가설-연역적 추론을 통해서 해
당 지식을 특수한 문제에 집중시키는 방법으로 지식을 구축해 나
간다. 기술적인 방면에 흥미를 느끼며, 자연과학을 전공으로 선택
하는 경향이 있으며, 기술자들이 많은 것이 특징이다(Kolb et al.,
1971). 문제 상황에서 결정하는 능력이 뛰어나고, 체계적이면서
과학적인 접근을 시도하므로 분석적이고 추상적인 과제에 적합

하다. 사고와 행동을 새로운 방법으로 시도하고 실험적인 경향을 지니고 있다(Jonassen & Grabowski, 1995). 한편, 약점으로는 관심의 영역이 한정되어 좁은 편이고 상대적으로 감성적이지 않은 편이어서 사람과 감정에 대해 관심을 기울이지 않고, 직관적 사고를 하며, 질적이면서 구체적인 과제를 기피하고, 관찰을 별로 좋아하지 않는다(Jonassen & Grabowski, 1995).

적응자　　적응자(accomodator)는 학습행위에 있어 융합자와 반대되는 강점을 지니고 있다. 첫째, 구체적 경험과 능동적 실험에서 학습을 잘하며, 새로운 경험을 하는 상황 하에서는 몰두하므로 다른 세 학습유형에 속한 사람보다 위험을 더 감수하는 경향을 보인다. 둘째, 특수한 긴박상황에 자신을 적응시켜야 하는 경우에 뛰어난 능력을 보인다. 셋째, 이론이나 계획이 사실과 부합되지 않는 상황에서는 계획이나 이론을 폐기해 버리는 경향이 있다. 넷째, 자기분석 능력보다는 다른 사람이 제공해 준 정보에 의존하여 직감적인 시행착오 방식으로 문제를 해결하는 경향이 있다. 전공은 사업 같은 기술적이거나 실질적인 분야에 있으며, 조직에서는 행위지향적인 직무부서인 마케팅이나 판매 부서에서 발견된다(Kolb et al., 1971). 개방적인 사고를 지니면서 다른 사람과의 관계를 지향하는 편인 반면, 문제해결에서는 시행착오의 성향을 띤다(Jonassen & Grabowski, 1995).

3) 팀 빌딩

William(2002)은 팀 빌딩을 사람의 감정, 태도 그리고 행동이 심리적으로 미묘하게 상호작용하는 인간에 의해서 이루어지는 작업과정, 즉 휴먼 프로세스(human process)로 정의하고 있다. 팀 빌딩은 사람들 가운데서 달성해야 하는 것이다. 동료 팀원들과 함께 효과적으로 작업하기 위해 서로 신뢰하고, 존경하며, 열성적으로 헌신하게끔 하는 인간이야말로 팀을 조직하는 데 있어서 가장 중요하다고 하였다.

일반적으로 여러 사람이 해야 하는 어떤 일이나 학습의 효율성을 향상시키기 위해 조(팀)를 편성하게 된다. 그런데 여기서 조를 편성하는 것은 단지 행정적인 행위를 의미하는 경우가 많지만 팀 빌딩을 한다는 것은 조를 편성하는 범위를 넘어선다. 건축학의 측면에서 본다면 빌딩을 한다는 것은 단순히 집을 짓기 위해 설계도면만을 그리는 것이 아니라 집을 짓는 과정까지를 포함한다. 튼튼한 집을 잘 짓기 위해서는 많은 활동이 필요하다. 물론 설계도가 잘 되어 있어야 하겠지만 이를 기반으로 집을 짓는 과정 하나하나가 잘 진행될 때 튼튼한 집이 지어지는 것이다.

이와 마찬가지로 단순한 조 편성의 범위를 넘어서서 팀원 간에 창의적이고 협력적인 활동이 잘 일어날 수 있는 팀을 만들기 위해서는 체계적인 빌딩 프로세스를 거칠 필요가 있다. 따라서 러닝퍼실리테이터는 팀 빌딩에 필요한 절차와 방법들을 익혀서 이를 기반으로 팀 빌딩을 할 수 있어야 한다.

다음은 팀 빌딩의 절차와 방법에 대해 설명하는 것으로서 저자가 경험한 방법들을 체계적으로 정리한 것이다.

(1) 아이스브레이킹

팀원들이 오프라인 현장에서 만나게 되면 서로 잘 모르는 학습자일 경우가 많다. 따라서 러닝퍼실리테이터가 주도하여 아이스브레이킹(ice breaking) 활동을 함으로써 학습분위기를 부드럽게 한다. 이러한 활동이 먼저 이루어지면 학습자는 긴장감이 완화되며 감성적 친화력이 높아지고 열린 마음이 되므로 학습 효율성을 높일 수 있다.

(2) 자기소개하기

팀원들이 각각 돌아가면서 자기소개를 하게 한다. 자기소개 방법은 그림을 그리는 방법 등 여러 가지가 있는데 러닝퍼실리테이터가 가장 적합한 자기소개 방법을 연구하여 제시하고 학습자는 팀별로 각자 자기소개를 하여 팀원 간의 친화력을 높인다.

(3) 별명 정하기

자기소개가 끝나면 팀원들에게 자신의 별명을 얘기하게 하고 왜 그 별명을 정하게 되었는지를 설명하게 한다. 팀에 상·하급자가 섞여 있어 위계적인 분위기가 형성될 가능성이 있을 때 서로 별명을 정하여 부르게 하면 분위기를 완화하는 효과가 있다.

(4) 팀 역할 정하기

학습양식 검사 결과와 자기소개 시 특징 등을 고려하여 팀 리더(사회자)를 먼저 정하고 그다음 팀 리더를 중심으로 서기, 발표자, 일지기록수, 비판자, 분위기메이커, 시간지킴이 등의 역할을 정하게 한다. 이러한 역할은 반드시 이와 같이 정해야 하는 것은 아니고 상황에 따라 다르게 할 수 있다. 각 팀원의 역할은 다음과 같다.

리더　　　팀 리더는 각종 토의 시의 사회자 역할 등 팀을 이끌어 가는 리더로서의 역할을 담당한다.

서기　　　서기는 각종 토의 시 이젤패드나 화이트보드에 팀원이 발표하는 내용을 기록하는 등 팀 리더를 보조한다. 의사결정 시에는 서기도 투표의 권한을 갖는다.

발표자　　　발표자는 팀에서 발표할 내용을 정리하여 종합 발표를 하는 등 팀의 대변인 역할을 한다.

일지기록수　　　일지기록수는 서기가 이젤패드나 화이트보드에 기록하는 내용을 노트에 모두 기록하여 회의나 토의가 종료되면 이를 복사해서 팀원과 모두 공유하는 역할을 담당한다.

비판자　　　비판자는 팀 토의 시 팀의 의견이 일방적으로 가지 않도록 반대 입장에서 의견을 제시하여 팀원들이 생각을 다양하게 하는 역할을 담당한다.

분위기메이커　　　분위기메이커는 단어 그대로 팀의 분위기를 활성화하는 역할자로서 커피를 한잔 준비한다든지 팀의 공동적인

업무를 해결한다든지 등의 역할을 하여 팀의 분위기를 긍정적인
방향으로 조성한다.

시간지킴이　　　시간지킴이는 수업의 시작과 끝, 미팅 시간 등
팀이 단체로 무엇을 하고자 할 때 팀원들이 시간을 잘 지킬 수 있
도록 사전에 알림활동을 하는 역할을 담당한다.

(5) 팀 명칭 정하기

팀 리더를 중심으로 토의하고 팀의 명칭을 정하여 팀의 공동체
의식을 높이도록 한다.

(6) 팀 상징물 정하기

팀 리더를 중심으로 팀을 상징하는 물건이나 동물 등을 정하
여 팀을 대표하는 의미를 부여하고 공동체의식을 높이는 활동을
한다.

(7) 팀 구호 정하기

팀 리더를 중심으로 팀의 단결력과 공동체의식을 높일 수 있는
구호를 정하고 수업의 시작 시간과 끝 시간에 구호를 외치도록 하
여 팀의 결속력을 강화해 나간다.

(8) 개인명패 만들기

개인명패를 만들어 자기 앞 테이블 위에 놓는 것은 팀원 간의
친화력을 높이는 데 매우 큰 역할을 한다. 명패를 만드는 도구로

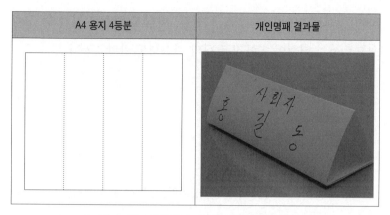

A4 용지 4등분	개인명패 결과물

[그림 2-5] 개인명패 만드는 방법 및 결과물

는 종이, 플라스틱 등 여러 가지가 있을 수 있으나 가장 접하기 쉬운 A4 용지를 활용하면 만들기 쉽다.

만드는 방법으로는 A4 용지를 〈그림 2-5〉와 같이 4등분하여 접어서 이를 다시 펼치고 접은 부분을 적절히 활용하여 삼각 기둥을 만든다. 만들어진 삼각기둥의 앞면과 뒷면의 위쪽에는 별명과 역할을, 아래쪽에는 이름을 기록한다. 이렇게 하면 팀원의 관계와 이름을 금방 익힐 수 있어 좋다. 필요에 따라서는 명찰 형태로 만들어 가슴에 부착하는 방법을 사용할 수도 있다.

(9) 기본 규칙 정하기

팀이 튼튼하게 유지되기 위해서는 팀별로 기본 규칙이 있어야 한다. 흔히 ground rule이라고도 하는데 학습참여 자세와 이를 어겼을 경우의 벌칙, 잘했을 경우의 보상 등을 정하는 것이다. 보상과 벌칙은 과도한 것보다는 간단하고 쉽게 이행할 수 있는 것으로 하여 실제로 이행할 수 있도록 한다. 이렇게 하면 각자가 팀 구성원으로서의 인식이 높아지고 팀의 결속력도 탄탄해진다.

3. 질문 능력

러닝퍼실리테이터는 질문을 효과적으로 잘 해야 학습자들의 학습을 촉진할 수 있다. 그러면 강의 수업에서의 질문과 학습자 중심의 참여형 수업에서 러닝퍼실리테이터로서 실시하는 질문은 다른가? 언제 질문을 해야 하는가? 무엇을 어떻게 질문해야 하는가? 이러한 의문점에 대해 알아보자.

1) 강의 수업과 학습자 중심 참여형 수업 질문

일반적으로 좋은 질문, 질문방법, 질문 시기 등의 내용은 책이나 교재에 많이 나와 있지만 주로 강의 수업에 대한 것들이 많고 학습자 중심의 참여형 수업 시 러닝퍼실리테이터로서 질문을 어떻게 해야 하는지에 대한 내용이 없어 어려움이 많다. 강의 수업에서 교수자가 하는 질문과 학습자 중심 참여형 수업에서 러닝퍼실리테이터가 하는 질문은 다르기 때문이다.

〈표 2-1〉과 같이 강의 수업에서는 교수자가 강의한 내용을 학습자가 잘 이해했는지 또는 수업태도, 학습분위기 개선을 위해 질문을 하는 반면, 학습자 중심 참여형 수업에서는 학습자가 학습과

〈표 2-1〉 강의 수업과 학습자 중심 참여형 수업 질문 차이

구분	강의 수업	학습자 중심 참여형 수업
교수자 관점에서의 질문 시기	• 교수자가 설명한 내용을 학습자가 잘 이해하고 있는지 확인할 때 • 학습자의 수업태도 개선이 필요할 때 • 학습분위기 쇄신이 필요할 때 등	• 학습과제 수행 결과 토의가 순조롭지 못할 때 • 학습자가 토의하고 있는 내용이 주제의 범위를 벗어날 때 • 학습자의 토의활동이 활발하지 못할 때 등
학습자 질문에 대한 응답 방법	• 질문에 대해 적극적으로 설명	• 질문에 대해 중개질문 또는 역질문 등을 사용하고 직접적인 대응 자제 ※ 학습자의 능동적 학습분위기 유지에 관점을 둠

제 수행 결과에 대한 토의가 순조롭지 못할 때 또는 학습자가 토의하고 있는 내용을 경청하고 있다가 주제 범위가 벗어나거나 토의활동이 활발하지 못할 때 주로 개입하여 질문을 한다.

또한 학습자 질문에 대한 응답방법도 다르다. 강의 수업에서는 학습자가 질문한 내용에 대해 적극적으로 설명하여 이해를 시키도록 해야 하지만, 학습자 중심 참여형 수업에서는 질문에 대해 다른 학생이 대답을 하도록 하거나 역질문을 하는 등 직접적으로 정답을 가르쳐 주는 행위는 가급적 하지 않는다.

이와 같이 학습자 중심 참여형 수업 시 러닝퍼실리테이터의 질문은 일반 강의 수업 시의 질문과는 많은 차이가 있다.

2) 러닝퍼실리테이터의 질문 시기와 방법

학습자 중심 참여형 수업에서 러닝퍼실리테이터가 질문을 해야 하는 시기와 방법은 다음과 같다.

(1) 학습과제 수행 결과 토의가 순조롭지 못할 때

학습자들이 각자 맡은 학습과제를 수행한 후 동료들에게 발표하고 토의하는 과정이 순조롭지 못할 때 러닝퍼실리테이터는 다음과 같은 질문을 한다.

- 학습과제 수행을 통해 알게 된 사실은 무엇인가요?
- 학습과제 수행을 통해 더 알게 된 것은 무엇인가요?
- 학습과제 수행 결과 이해가 안 되는 것은 무엇인가요?
- 학습과제 수행 결과 더 알고 싶은 것은 무엇인가요?

이렇게 도출되는 내용을 〈표 2-2〉와 같이 시트에 체계적으로 정리하여 서로 공유하도록 하고 이해가 안 되거나 더 알고 싶은 것에 대해 학습 팀 스스로 토의하도록 안내하고 필요시 러닝퍼실리테이터가 보조 설명을 하는 방법으로 진행한다.

〈표 2-2〉 학습과제 수행 결과에 대한 토의 시 러닝퍼실리테이터 질문지

학습 과제명	알게 된 사실	더 알게 된 것	이해가 안 되는 것	더 알고 싶은 것

(2) 학습자가 토의하고 있는 내용이 주제의 범위를 벗어날 때

"토의 내용을 좀 더 핵심적인 부분으로 접근해 보는 것은 어때요?"와 같이 질문하며 간접적으로 주제가 범위를 벗어나고 있음을 인식시켜 준다. 그러나 직접적인 방향 제시는 하지 않는 것이 좋다.

(3) 학습자의 토의활동이 활발하지 못할 때

"토의를 촉진하는 데 필요한 도구들을 왜 사용하지 않나요?" 등의 질문을 하고 토의를 촉진하는 데 사용할 도구의 사용 순서는 다음의 절차를 고려하여 안내한다.

브레인스토밍 ⇒ 명목집단법, 익명그룹기법(Nominal Group Technique: NGT) ⇒ 브레인라이팅 ⇒ 리버스브레인스토밍 기법 등을 사용해 보도록 안내

[그림 2-6] 토의 촉진 도구 사용 순서

(4) 학습자가 질문할 때

학습자가 질문할 때에는 우선 칭찬을 해 준다. 그러나 이때에도 가급적 질문에 대한 직접적인 대응을 자제하고 학습자 중에서 설명을 하도록 중개질문을 하거나 역질문 등으로 대응하여 학습

자 스스로 깨닫도록 하는 것이 바람직하다. 따라서 학습자가 계속 능동적인 학습자로서 학습의 주도권을 가지도록 하는 것이 중요하다.

이상에서와 같은 사항을 정리해 보면 〈표 2-3〉과 같다.

〈표 2-3〉 러닝퍼실리테이터의 질문 시기와 방법

질문 시기	질문방법
학습자가 토의하고 있는 내용이 주제의 범위를 벗어날 때	• "토의내용을 좀 더 핵심적인 부분으로 접근해 보는 것은 어때요?"라고 질문한다. • "지금 하는 토의가 무엇에 관한 것인가요?"라고 질문한다. ※ 필요시 지금까지의 토의내용을 정리하게 해 본다.
학습자의 토의활동이 활발하지 못할 때	• "왜 다양한 토의도구들을 활용하지 않나요?"라고 질문하고 필요시 적절한 토의 도구를 제안한다.
학습자가 질문할 때	• 질문에 대해 중개질문 또는 역질문 등을 하고 가급적 직접적인 대응은 자제한다.
학습자들이 제시된 문제의 내용을 제대로 이해하지 못한 상태에서 다음 단계로 넘어갈 때	• "모든 사람이 제시된 문제의 내용에 대해 똑같이 이해하고 넘어가는 것이 좋지 않을까요?"라고 질문한다.
사실의 나열에만 그치거나 핵심문제가 아닌 것을 문제로 규명하고 있을 때	• "제시된 문제가 무엇을 하기 위한 문제인가요?"라고 질문하여 근원적인 것을 생각해 보게 한다.
가설 선정이 적절하지 못할 때	• "가설의 근거가 무엇인가요?"라고 물어본다. • 가설이 난무할 때는 "가설의 범위를 좀 더 좁힐 수는 없을까요?"라고 질문한다. • "현재의 가설로 주어진 문제를 다 설명할 수 있나요?"라고 질문한다. • "가설로 추가할 것은 없나요?"라고 질문한다.

새로운 정보가 있는데도 가설이 수정 · 보완되지 않을 때	• "기존 가설이 여전히 유효한가요?"라고 질문한다.
학습과제 선정이 부적절할 때	• 학습자들이 다른 과목 분야도 생각해 볼 수 있도록 질문한다. • "중요한 학습과제가 빠지지 않도록 좀 더 생각해 보는 게 어때요?"라고 질문한다.
근거 없는 이야기가 전개되고 있을 때	• "지금 하는 이야기의 근거가 무엇인가요?"라고 간접적인 질문을 한다.
쟁점이 있는데도 그냥 지나가고 있을 때	• 학습자 스스로 그 쟁점을 재인식하도록 "그러면 그 문제는 해결된 것인가요?" 등의 간접적인 질문을 한다.
토론에서 소외된 사람이 있을 때	• "○○ 학생은 어떻게 생각하나요?"라고 해당 학습자에게 질문하여 말할 기회를 준다.

3) 상황 또는 문제해결을 위한 질문법 ORID

학습자 중심 참여형 수업에서는 문제중심학습, 액션러닝, 캡스톤디자인 등 현장의 실제적 문제 또는 상황을 해결하는 과정에서 학습을 하는 경우가 많다. 이러한 수업에서 효과적으로 사용할 수 있는 질문법이 〈표 2-4〉와 같은 ORID 질문법이다. ORID 질문법은 러닝퍼실리테이터가 학습자에게 사용할 수도 있지만 학습자 간에도 ORID를 기준으로 상호 질문을 하여 상황을 명료화할 수 있다.

ORID 단계별 질문의 목적과 개략적인 질문의 형태는 〈표 2-4〉와 같다.

〈표 2-4〉 ORID 단계별 질문의 목적과 개략적인 질문의 형태

단계	질문 목적	질문 형태
Objective (목표)	생각, 시각, 청력, 촉각, 냄새 등과 관련된 객관적인 질문으로 데이터를 추출하여 공유함	• 어떤 이미지나 장면을 기억합니까? • 어떤 사람, 의견, 아이디어 또는 단어가 주의를 끌었으며 그 이유는 무엇입니까? • 어떤 소리를 들었습니까? • 어떤 촉각 감각을 기억합니까?
Reflective (반응)	사실에 대한 반응, 마음, 느낌을 확인함	• 그 경험이 당신에게 어떤 영향을 미쳤습니까? • 가장 중요한 점은 무엇이었습니까? • 낮은 점수는 무엇이었습니까? • 그룹의 집단분위기는 무엇이었습니까? • 그룹은 어떻게 반응했습니까? • 경험하는 동안 당신의 감정은 무엇이었습니까?
Interpretive (해석)	참가자들에게 시사하는 점을 확인함	• 당신의 핵심 통찰력은 무엇입니까? • 이 활동에서 가장 의미 있는 부분은 무엇이었습니까? • 이 경험을 통해 당신은 무엇을 결론지을 수 있습니까? • 이 경험을 통해 무엇을 배웠습니까? • 이것이 어떤 이론, 모델 또는 다른 개념과 어떤 관련이 있습니까?
Decisional (결정)	개인 및 그룹이 향후의 결의안 및 행동을 결정함	• 이 경험이 당신의 사고방식을 어떻게 바꾸었습니까? • 이 경험이 당신의 연구·직장·생활에 미치는 중요성은 무엇입니까? • 이 경험으로 인해 당신은 무엇을 다르게 할 것입니까? • 거기에 없었던 사람들에 대한 경험에 대해 무엇이라고 말하겠습니까? • 배운 것을 적용하는 데 도움이 되는 것은 무엇입니까?

출처: https://www.bridgew.edu/sites/default/files/relatedfiles/ORID-discussion-method-6.3.14.pdf

이 표에서 보는 바와 같이 어떤 상황이나 문제를 해결하기 위해서 현장을 방문하거나 실사를 했을 경우, 1단계에서는 현장 상황이 어떠했는지 사실을 말하고 팀원들이 공유를 한다. 2단계에서는 그러한 사실에 대해 팀원들 각자가 무엇을 느꼈는지를 토의한다. 3단계에서는 그러한 느낌이나 어려운 점이 우리에게 주는 시사점이 무엇인지를 토의한다. 4단계에서는 그러한 토의 결과 우리가 어떠한 결정을 내려야 하는지를 논의하고 결정한다.

이와 같은 과정을 거쳐서 어떤 상황을 명료화해 나가면 보다 효과적으로 문제를 해결해 나가면서 이와 관련된 학습을 해 나갈 수 있다. 상황이나 문제의 형태는 아주 다양하게 나타날 수 있을 것이다. 각 유형별로 테이블을 미리 만들어서 연습을 해 보는 것도 좋다.

4. 경청 능력

러닝퍼실리테이터의 기본 역량 중에서 가장 중요한 역량이 경청 능력이라 해도 과언이 아니다. 경청을 잘 해야 질문을 할 수 있고, 학습자들의 학습 진행의 흐름에 맞게 개입하여 학습자들의 팀워크를 효과적으로 활성화할 수 있으며, 학습자들이 자발적으로 학습에 참여하고 싶은 의욕을 고취하여 학습 효율성을 높일 수 있다.

이를 위해서 러닝퍼실리테이터는 자기주장을 전달하고 설득하기에 앞서 먼저 학습자의 말을 귀담아 듣고 심중을 헤아려 자기의 이야기를 받아들일 준비가 되어 있는지를 확인해야 한다. 그러기 위해서는 말을 하는 기술도 중요하지만 말을 듣는 기술을 연마하는 것이 더욱 중요하다.

1) 경청의 개념

경청은 상대방의 말을 잘 듣는 데서부터 시작된다. 상대방의 말을 제대로 듣지 않고는 제대로 말할 수가 없다. 상대방의 말을 잘 들을 때 진정으로 상대방을 더 잘 이해하고 공감할 수 있다.

이러한 경청은 그냥 듣기만 하는 수동적인 것이 아니라 상대방이 말하고자 하는 모든 것, 즉 귀로 듣는 말과 눈으로 보는 태도 등 상대방이 신체적으로 표현하고자 하는 것까지 정성을 들여 듣는 능동적인 과정이다.

2) 적극적 경청

Bekay Ahn(2011)에 의하면 모든 커뮤니케니션의 기본 법칙은 보통 7-38-55인데, 이는 어떤 대화에서든 의미 전달이 7%인 말 자체보다는 전달자의 음성에서 느껴지는 톤에서 38%, 신체언어에서 55%가 전달된다는 것을 의미한다. 즉, 어떤 사람이 말을 할 때는 그 내용보다도 오히려 음성의 톤과 신체언어가 의미 전달에 더 많이 기여한다는 것이다.

따라서 적극적 경청이란 상대방의 말을 듣기만 하는 것이 아니

라 상대방이 전달하고자 하는 말의 톤과 상대방의 신체적 태도 그
리고 내면에 깔린 동기나 정서에 귀를 기울여 듣고 이해된 바를
피드백해 주는 것이라고 할 수 있다. 이와 같이 적극적인 경청을
하기 위해서는 다음과 같은 태도를 취할 필요가 있다.

- 상대방의 눈을 응시하고 시선을 계속 접촉한다.
- 약간 비스듬하게 비껴 앉아서 대화할 의사가 있음을 전달해
  준다.
- 손이나 다리를 꼬지 않고 개방적인 자세를 취한다.
- 상대방 쪽으로 몸을 기울이며 상대방이 말하는 중요한 부분
  에 대해서는 고개를 끄덕이는 것과 같은 비언어적 태도를 취
  한다.
- 상대방이 긴장을 풀고 느긋하게 대화를 할 수 있도록 편안한
  자세를 취한다.

3) 비평적 경청

비평적 경청(critical listening)이란 말하는 사람의 언어와 비언어
의 메시지를 어떤 의도 아래 선택ㆍ조직화ㆍ분석ㆍ정리해서 머릿
속에 저장하는 듣기를 말한다. 이런 경청의 목적은 주로 어떤 결
정을 하거나 문제를 해결하기 위한 것이고, 때때로 들은 메시지를
통해 새롭게 얻은 아이디어나 콘셉트를 새로운 자신만의 맥락으
로 만들어 내기 위함이다(Bekay Ahn, 2011).

러닝퍼실리테이터의 비평적 경청이 중요한 이유는 학습자와의 개별적인 일대일 대화가 아니라 학습자 간에 이루어지는 대화의 내용을 객관적으로 분석하고 정리해서 피드백을 주기 위한 목적으로 이루어지기 때문이다. 따라서 러닝퍼실리테이터는 비평적 경청을 할 수 있도록 노력할 필요가 있다.

4) 러닝퍼실리테이터의 적극적 경청 목적

러닝퍼실리테이터가 적극적 경청을 하는 목적은, 첫째, 학습 팀으로부터 학습의 주도권을 빼앗지 않고 적절한 개입 시기와 범위 등을 결정하기 위함이다. 이를 위해서 러닝퍼실리테이터는 해당 과정의 학습 진행 프로세스와 학습자들이 수행해야 할 학습활동을 사전에 잘 파악하여 경청하는 것이 중요하다. 왜냐하면 현재 학습자들이 활동하는 내용이 전체의 학습과정과 맥락에 맞는지, 올바른 방향으로 토의가 되고 있는지 등을 잘 듣고, 러닝퍼실리테이터가 개입을 하여야 할 상황인지 여부를 판단하여야 하기 때문이다.

따라서 러닝퍼실리테이터는 해당 교육과정의 교수법과 학습프로세스 및 각 프로세스별로 학습자의 활동사항이 무엇인지를 미리 파악하고 있어야 한다. 그렇지 않으면 학습자가 필요한 시기에 필요한 개입을 하기가 어렵고 학습자 중심의 효과적인 학습 결과를 기대하기도 어려울 수밖에 없다.

학습자 중심의 참여형 교육에서는 대부분 팀 중심으로 학습을 하기 때문에 러닝퍼실리테이터가 학습자와 개별적으로 대화를 하

기보다는 팀 활동 가운데 이루어지는 대화의 맥락 속에서 학습자
와 대화를 하게 된다. 따라서 러닝퍼실리테이터는 맥락성 있게 경
청을 하고 지나치게 개입을 하여 학습의 주도권을 빼앗는 상황을
만들면 안 되므로 맥락성 있는 적극적 경청을 통해 적절한 개입의
시기와 범위를 잘 판단하여야 한다.

둘째, 학습 팀이 올바른 학습 방향을 유지하고 학습활동이 활발
하게 일어날 수 있도록 촉진하기 위함이다. 학습 팀은 때때로 러
닝퍼실리테이터가 생각하는 것 이상의 엉뚱한 방향으로 학습활동
을 진행하는 경우가 있다. 이때에 러닝퍼실리테이터는 개입을 하
는 시기를 잘 결정해서 학습의 주도권을 빼앗지 않는 범위에서 학
습 팀이 학습의 방향을 수정해 나갈 수 있도록 활동하여야 한다.
이렇게 하기 위해서는 맥락성 있는 적극적인 경청이 필요하다.

5) 러닝퍼실리테이터 경청방법

학습자 중심 참여형 수업에서는 대부분 학습자와 러닝퍼실리테
이터 간에 일대일 대화를 할 경우가 거의 없다. 대부분의 대화는
학습자 상호 간에 토의와 토론의 형태로 이루어지고 러닝퍼실리
테이터는 이러한 과정을 관찰하면서 경청을 하게 된다. 러닝퍼실
리테이터가 이렇게 경청을 할 때 중점을 두고 해야 할 사항은 다
음과 같다.

• 말하는 학습자의 발언내용을 청각으로 듣고, 시각으로 태도

를 집중해서 경청하여야 한다. 이렇게 함으로써 적극적 경청
을 할 수 있다.

- 발언을 듣는 다른 학습자들의 태도를 시각으로 보면서 전체
적인 학습활동을 경청하여야 한다. 즉, 발언자와 이를 듣는
학습자 모두를 보면서 경청하여야 전체의 학습프로세스를 판
단할 수 있다.

- 학습활동을 객관적으로 판단할 수 있도록 비평적 경청을 하
여야 한다.
  - 현재 학습활동이 학습프로세스상 맥락성이 있는가?
  - 현재 토의내용이 학습프로세스의 맥락성과 맞는가?
  - 현재 토의내용이 학습프로세스의 맥락성에서 어느 정도 벗
  어나는가?

벗어나는 수준이 낮다면 러닝퍼실리테이터는 개입을 하지 않고
학습자들이 계속 학습의 주도권을 가지고 가도록 하는 것이 좋다.
반면, 벗어나는 수준이 높다면 개입을 해서 학습의 방향을 조정하
도록 하여야 할 것이다. 하지만 이 경우에도 직접적인 개입보다는
간접적인 질문을 통해 학습자 스스로 알아차려서 수정을 해 나갈
수 있도록 하는 것이 좋다.

만약 직접적인 개입을 하여 지시적으로 방향을 수정하면 학습
자들은 수동적인 학습자로 바뀌게 될 수 있다. 이렇게 되면 학습
자 중심의 참여형 수업을 진행해 나가기 어렵게 된다. 러닝퍼실리
테이터는 이러한 것을 잘 판단하여야 한다.

5. 토론 촉진 능력

학습자 중심 참여형 수업은 대부분 팀 토론 중심으로 진행되는데 학습 중에 학습자들이 토론 기법을 잘 사용하지 못하거나 팀 구성원들이 활발하지 못하여 토론이 효과적으로 진행되지 못하는 경우가 생긴다. 이때 러닝퍼실리테이터는 적절한 안내를 하여 팀 학습활동이 활발하게 이루어지게 할 수 있어야 한다. 따라서 토론이 이루어지는 단계별로 사용되는 도구의 사용법에 대해서 설명하고자 한다.

1) 아이디어 생성 도구 사용하기

어떤 주제를 놓고 토론을 할 때 초기에는 많은 아이디어를 생성하여야 한다. 따라서 아이디어를 효과적으로 생성하는 도구들의 사용시기, 사용방법, 사용규칙 등을 살펴보자.

(1) 익명그룹기법[1]
① 개념 및 사용시기

1968년에 A. Delbecq와 Van de Ven에 의해 개발된 익명그룹기법(Nominal Group Technique: NGT, 명목집단법)은 참가자들이 아이

---

1) Michalski(1998)에서 발췌하여 현대에 맞게 재정리함.

디어 창출이나 의사결정 과정에서 동등한 목소리를 낼 수 있는 수단으로 점차 대중화되었다. 팀 분위기가 어색하여 기발한 아이디어를 내기를 꺼리는 상황일 때 또는 특정인에 의해 토론이 독점될 때 사용한다. 즉, 자율적인 브레인스토밍이 원활하게 진행되지 않을 경우에 사용하면 좋다.

② 사용방법

팀원 중 한 명이 진행자가 되어서 팀원들에게 제시된 문제를 자기 나름대로 요약 진술하게 한 후에, 포스트잇을 각 팀원들에게 전달하고, 정해진 시간(5분, 10분, 20분, 30분 등) 내에 2~5개 이상의 문제의 원인을 포스트잇 1장에 한 가지씩 적어서 제출하도록 한다. 이때 포스트잇에 기록하는 시간과 숫자는 진행자가 상황에 따라 적절하게 정하면 된다.

③ 사용규칙

- 진행자는 플립차트에 문제 진술문이나 개방형 질문을 표시한다.
- 제시된 문제가 일어난 근본적인 원인에 대하여 생각해 본다 (1분).
- 정해진 시간 내에 2~5개 이상의 아이디어를 주어진 포스트잇 1장에 한 가지씩 차례로 작성하고 다른 사람과 의논하지 못하도록 하며 정기적으로 남은 시간을 알려 준다.
- 정해진 시간이 되면 멈추고 각자의 아이디어를 전부 볼 수 있

도록 제출한다. 이때 러닝퍼실리테이터는 팀원들이 아이디어의 질보다는 양을 중시하게 안내하고, 자유로운 분위기를 만들어 주어야 하며, 서기 1명을 지정하여 제시된 아이디어를 이젤패드 등에 붙여서 팀원들이 모두 볼 수 있도록 안내한다.

- 팀원들은 제출된 아이디어를 명확히 하도록 요청할 수 있으며 이해를 촉진하기 위해 아이디어를 수정하거나 결합할 수도 있다. 아이디어에 대한 정리가 완료되면 아이디어별로 표식을 위한 문자 또는 기호를 부여한다.
- 진행자는 각 팀원들에게 이젤패드에 기록된 아이디어 목록에서 선호하는 5개의 아이디어를 나열하고 우선순위/중요성/가치 점수 척도에 따라 각 아이디어의 점수 순위를 매기게 한다. 5점이 가장 높고 1점이 가장 낮다.
- 진행자는 각 참가자가 제시한 아이디어 평가 결과를 표로 작성하고 점수 합계를 사용하여 팀의 상위 5개 아이디어를 결정하고 차트의 날짜를 기록한다.
- 팀은 결과를 논의하고 다음 단계를 수립한다.

(2) 브레인스토밍 기법[2)]

① 개념 및 사용시기

브레인스토밍은 1941년 Alex F. Osborne이 창작한 아이디어로, 창의적 아이디어를 추구할 때 개인이 독립적으로 작업할 수 있는

---

2) Michalski(1998)에서 발췌하여 현대에 맞게 재정리함.

것보다 팀 활동을 통해 더 좋은 아이디어를 만들어 내도록 상호작용 방식으로 진행된다.

따라서 많은 양의 아이디어를 도출하고자 할 때 사용하며 각각의 팀원이 기울인 노력의 합보다 팀의 노력에 대한 효과가 더 커지는 상승의 효과를 가져오는 힘이 있다.

② 사용방법

- 브레인스토밍 지침을 전달하고 시간제한(약 15~20분)을 설정한다.
- 자유롭고 유쾌한 분위기를 조성하고 서기를 정한다.
- 특정 문제 또는 주제에 대해 손을 들고 발언하게 한다.
- 서기가 발언내용들을 받아 적는다.
- 진행자는 발언하지 않는 사람을 지명하여 발언을 유도한다.
- 회의 중 비판하는 사람이 있으면 진행자는 제지하고 주의를 준다.
- 진행자는 회의의 원칙이 잘 지켜지도록 회의를 이끈다.
- 아이디어의 흐름을 막지 않는다. 중복된 아이디어가 나와도 지적하지 말고 그대로 내용을 받아 적는다.
- 다른 사람의 아이디어를 가져다 쓰고 종합하고 개선하도록 격려한다.

③ 사용규칙

- 한 번에 하나의 아이디어를 받아들인다.
- 팀원들에게 거친 아이디어를 생각하게 한다. 이것은 종종 다

른 사람의 생각을 유발한다.

• 비판 및 즉각적인 평가를 금지한다.

• 자유분방하게 한다.

• 질보다 양을 추구한다.

• 자유롭게 다른 사람의 아이디어를 확대, 개선 및 결합하는 것
  을 허용한다.

(3) 브레인라이팅[3)

① 개념 및 사용시기

브레인라이팅은 1968년에 독일의 Holiger가 고안한 발상법으
로, 개성이 강한 소수의 팀원에게 좌우되지 않고 고른 의견이 필
요할 때 또는 서로 모르는 사람끼리 갑자기 많은 아이디어를 도출
해야 할 때 사용하면 좋다. 통상 팀원 6명이 한 번에 3개의 아이디
어를 5분 내에 도출하므로 6·3·5 기법이라고도 한다(6: 팀당 참
가자 수, 3: 참가자당 3개의 아이디어, 5: 1라운드당 5분).

② 사용방법

• 문제 진술문을 6명의 참가자로 구성된 팀과 공유한다.

• 〈표 2-5〉와 같이 빈칸이 생성되어 있는 시트를 각 참가자에
  게 나누어 준다.

---

3) Michalski(1998)에서 발췌하여 현대에 맞게 재정리함.

〈표 2-5〉 브레인라이팅 기록 용지 양식

구분	아이디어 A	아이디어 B	아이디어 C
1회			
2회			
3회			
4회			
5회			
6회			

- 각 팀원들은 문제 진술과 관련된 세 가지 아이디어를 쓴다.
- 1라운드(5분)가 끝나면 팀원들은 자신이 쓴 아이디어가 담긴 시트를 왼쪽에 있는 사람에게 전달한다.
- 팀원들은 전달된 모든 아이디어를 읽고, 아이디어를 더 개발하거나, 이전에 기록된 아이디어에 아이디어를 추가한다.
- 5분 후, 앞 두 개의 절차를 사용하여 2라운드를 시작한다.
- 이런 방법으로 팀원의 수만큼 라운드 횟수를 진행하되 라운드 횟수는 상황에 따라 조절하여 사용할 수 있다.
  ※ 6회를 진행하면 108개의 아이디어가 나온다.
- 마지막으로, 모든 아이디어를 정리하고 기록한다. 차트는 다음 조치 단계를 위해 날짜를 기록하고 저장한다.

③ 사용규칙
- 한명이라도 말을 하면 안 된다.
- 다른 사람과 동일한 아이디어를 적으면 안 된다.

(4) 리버스 브레인스토밍

① 개념 및 사용시기

반복되고 고질적인 문제에 대해 새로운 시각에서 해결안을 찾고자 할 때 사용하는 기법으로서 다음과 같은 경우에 사용하면 효과적이다.

- 실효성이 떨어지는 뻔한 해결책만 반복해서 토의할 때
- 참석자들이 문제해결에 관심을 보이지 않을 때

② 사용방법

- 해결하고자 하는 문제를 한 문장으로 적는다.
- 문제에 반대되는 문장을 적는다.
- 반대되는 문제에 대한 아이디어를 발굴한다.
- 원래 해결하고자 했던 문제에 대한 아이디어 발굴을 진행한다.

(5) 마인드맵 기법

① 개념 및 사용시기

마인드맵은 영국의 전직 언론인 Tony Buzan이 주장하여 유럽에서 선풍을 일으킨 이론으로서 읽고 생각하고 분석하고 기억하는 그 모든 것을 마음속에 지도를 그리듯 해야 한다는 독특한 방법이다(위키피디아).

이것은 창조성 수준을 올리기 위해 팀원이 좌우의 뇌를 다 쓸 수 있도록 개발된 기술이며 구성된 자료를 연속적으로 기술하기

보다는 아이디어를 시각적으로 도식화하고 다른 아이디어와의 관계를 잘 보여 주는 방법이다.

② 마인드맵 작성의 일곱 가지 원칙[4]

- 종이의 중심에서 시작한다.
- 중심생각을 나타내기 위해 이미지나 사진을 이용한다(세 가지 이상의 색깔).
- 전체적으로 색깔을 사용한다.
- 중심이미지에서 주가지로 연결한다. 주가지의 끝에서부터 부가지로 연결한다. 그리고 부가지의 끝에서 세부가지를 연결한다.
- 구부리고 흐름 있게 가지를 만든다.
- 각 가지당 하나의 키워드만을 사용한다.
- 전체적으로 이미지를 사용한다.

③ 사용 예시

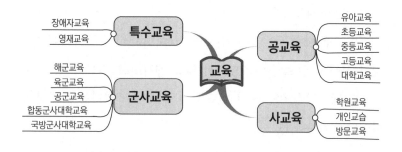

---

4) 출처: 위키피디아 백과사전

2) 아이디어 수렴 도구 사용하기

아이디어 생성 도구를 사용하여 많은 아이디어를 생성하였으면 이제 아이디어 수렴 도구를 사용하여 아이디어를 정리하여야 한다. 따라서 아이디어 수렴 도구의 사용시기, 사용방법 등을 살펴보고자 한다.

(1) 친화도법(KJ법)
① 개념 및 사용시기
일명 KJ법이라고도 하는 친화도법은 일본 동경공업대학 명예교수인 Kawakita Jiro가 1964년에 발표한 발상법이며 고안한 사람 이름의 이니셜을 따서 KJ기법이라고 명명했다.

이 기법은 학습자 설문, 학습자 피드백, 브레인스토밍 등 여러 가지 아이디어 발산방법으로부터 나온 정리되어 있지 않은 많은 사실, 의견, 아이디어를 논리적으로 연관된 그룹이나 범주로 분류하고 싶을 때 사용한다.

② 사용방법
- 면담, 조사 등을 통해 아이디어를 모은다.
- 언급된 사항들을 정확하게 그대로 포스트잇 등의 카드에 적어 놓는다. 이때 분류를 효율적으로 할 수 있도록 하기 위해서 포스트잇 1장에 하나의 아이디어만을 기록한다.
- '친화 정도'를 찾기 위해 포스트잇에 기록된 내용을 3회 정도

읽고 친근감이 있는 것, 닮은 뜻을 가진 포스트잇을 모아서 분류한다. 이때 분류 그룹을 만들기 위해서 내용상 맞지 않는 아이디어를 억지로 그룹에 집어넣지 않도록 유의한다.

• 분류된 그룹에 이름을 정한다.
• 필요시 이름이 정해진 그룹들을 다시 그룹화하여 소그룹, 중그룹, 대그룹 형태로 이름을 정한다.
• 다이어그램을 그린다.

③ 사용 예시

3) 아이디어 평가 도구 사용하기[5]

아이디어 수렴 도구를 사용하여 아이디어를 정리하였으면 최선

5) 이 책에서 제시하는 아이디어 평가 도구는 퍼실리테이터 전문가들이 일반적으로 사용하는 방법이지만 사용법이 다소 차이가 있어 여기에서는 고수일, 김형숙, 김종근 (2009), 채홍미(2016), 채홍미, 주현희(2015)를 기반으로 이 책의 설명 방식에 맞게 보완하여 제시함.

의 아이디어를 선정하기 위한 평가를 하여야 한다. 따라서 아이디어 평가 도구의 사용시기, 사용방법 등을 살펴보고자 한다.

(1) 다중투표

① 개념 및 사용시기

다중투표(multi-voting)는 N/3 투표라고도 하는데 N은 총 아이디어 수를 나타낸다. 모든 팀 구성원은 N/3 표를 부여받고 가장 중요한 아이디어에 투표를 한다. 즉, 팀원은 아이디어당 하나의 표를 부여할 수 있다. 투표 수가 적기 때문에 덜 중요한 아이디어는 당연히 '제거'하여 팀이 해결해야 할 아이디어의 수를 줄인다. 다중투표는 이와 같이 제안된 아이디어의 범위를 축소하는 투표를 할 경우 사용한다.

② 사용방법

- 플립차트에 투표할 항목을 적는다(그룹화된 아이디어에 숫자를 부여하면 편리하다).
- 투표 대상 항목 수의 1/3만큼 개인별로 스티커를 붙일 수 있는 선택권을 준다.
- 투표 수만큼 개인별로 스티커를 배포한다.
- 각자 한 항목에 한 개의 스티커를 붙이는 방식으로 투표한다.
- 투표가 끝나면 항목별로 스티커 개수를 세고, 적은 표를 받은 항목부터 플립차트 리스트에서 제외한다.
  ※ 일반적으로 상위 1/3개의 리스트를 선택한다.

(2) 선호도 투표

① 개념 및 사용시기

선호도 투표는 투표 후에 모든 아이디어를 선호도 순으로 정렬할 수 있어서 다른 투표방법보다 순위 지정을 쉽게 할 수 있다. 또한 여러 아이디어에 대한 비교 판단을 요구할 필요가 없기 때문에 인지적으로 덜 까다롭고, 투표를 여러 아이디어에 나눌 수 있기 때문에 단일 투표방법보다 유연성이 좋다. 주로 선택된 아이디어를 최종 선정할 때 사용한다.

② 사용방법

- 아이디어 항목을 플립차트에 정리한다.
- 투표 대상 항목 수의 1.5배만큼 개인별로 스티커를 붙일 수 있는 선택권을 준다.
- 다른 사람들의 투표 결과에 영향을 받지 않도록 투표하기 전에 개인별로 어떤 항목에 몇 개의 스티커를 투표할지 메모하게 한다. 이렇게 하면 마음이 흔들리지 않고 투표를 할 수 있다.

  ※ 한 아이디어에 과반수 이상의 표를 줄 수 없음을 알려준다.

- 개인별로 스티커를 나누어 준다.
- 각자 자기가 메모한 투표 수에 따라 스티커로 투표한다.
- 투표 결과에 따라 최종 대안을 선정한다.

(3) 점수 분할 투표

① 개념 및 사용시기

선호도 투표는 스티커를 사용하여 투표를 하였지만 점수 분할 투표는 정해진 점수를 분할해서 선호하는 아이디어에 점수를 부여하는 방법이다. 점수를 사용하기 때문에 보다 세밀하게 아이디어를 선택할 수 있다. 이 투표방법도 선택된 아이디어를 최종 선정할 때 사용한다.

② 사용방법

- 참석자들에게 일정한 점수를 부여한다(예: 100점).
- 다른 사람들의 투표 결과에 영향을 받지 않도록 투표하기 전에 참가자 개인별로 어떤 항목에 몇 점을 부여할지 점수를 배분하여 메모하게 한다. 이렇게 하면 마음이 흔들리지 않고 투표를 할 수 있다.
  ※ 한 아이디어에 50% 이상의 점수를 줄 수 없음을 알려 준다.
- 참석자 모두 플립차트로 나와서 자신이 메모하여 정한 점수를 해당하는 아이디어 옆에 적게 한다.
- 점수를 합산하여 순위를 정한다.
  ※ 소수점 이하로 점수를 나누지 않는다.

(4) 다섯 손가락 합의

① 개념 및 사용시기

만장일치는 아니어도 지지가 뒷받침되는 의사결정을 내리면서

도 결정의 적합성을 위태롭게 하지 않으려고 할 때 사용한다.

② 장점

- 팀원 모두가 동시에 손을 들게 함으로써 다른 팀원의 영향을 받지 않는다.
- 실시 절차가 간편하여 손쉽게 활용할 수 있다.
- 신속한 의사결정을 할 수 있다.

③ 사용방법

한 대안이 제안되고, 논의를 거쳐 회의 안건에 대한 팀의 합의 여부를 확인할 준비가 되면, 팀 리더(사회자)는 셋을 셀 동안 각 참석자들이 그 대안의 지지 정도를 1~5개의 손가락으로 표시하게 한다.

〈표 2-6〉 다섯 손가락 수와 그 의미

손가락 수	주먹	한 손가락	두 손가락	세 손가락	네 손가락	다섯 손가락
의미	강한 부정	부정	약한 부정	약한 긍정	긍정	강한 긍정
숫자 의미	0	1	2	3	4	5

- 사람들이 손가락을 3~5개 보이면 합의에 도달한 것이며, 다음 논의로 넘어갈 수 있다. 그러나 주먹을 내거나 손가락을

1~2개만 보이는 사람이 있다면, 그들이 그런 평가를 하는 이유를 다른 사람에게 설명하게 하고 자신들이 납득할 수 있는 대안으로 바꿀 기회를 준다. 그 대안을 원래 제안했던 사람은 그들이 제안한 대로 변경할 것인지 아니면 그대로 둘 것인지를 결정하고, 그 이유를 나머지 사람에게 설명한다.

• 러닝퍼실리테이터는 다시 '다섯손가락 합의'방법을 이용한다. 2~5개의 손가락을 보인다면 의사결정이 이뤄진 것이므로 다음 단계로 넘어간다. 그러나 주먹 또는 손가락 1개를 보인 사람이 있으면 그들이 그러한 평가를 내린 이유를 나머지 사람에게 설명하고 자신들이 납득할 수 있는 대안으로 바꾸도록 추가 기회를 준다. 한 번 더, 원래 제안자는 그 대안을 수정하거나 그대로 두는 것 중에 선택을 하고 그 결정을 나머지 사람에게 설명한다.

• 최종 재검토에서 다수결 원칙을 사용한다.

4) 원인분석을 위한 토론하기

(1) 어골도법
① 개념 및 사용시기
어골도법(Fishbone Diagram, 특성요인도)은 일본의 품질관리 전문가인 Kaoru Ishikawa 박사가 개발한 것으로서 문제의 근본원인을 찾아 나가는 과정을 물고기 뼈와 같은 모양의 그림으로 표시하여 문제를 해결하고자 할 때 사용하며, 그림이 마치 물고기 뼈 같은 모양을 하고 있어 피쉬본 다이어그램이라고도 한다.

② 사용방법

문제의 잠재적 원인을 순서대로 범주화하고 그 범주에 속하는 프로세스상의 문제들(잠재적 원인들)을 모두 기술한 뒤에 그중에서 근본적인 원인을 찾아 나간다. [그림 2-7]은 공교육에 대한 투자가 있음에도 불구하고 사교육이 없어지지 않는 원인에 대해 어골도로 작성한 것이다.

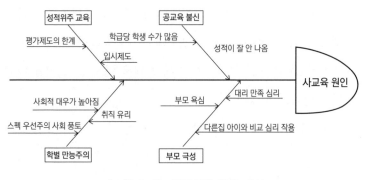

[그림 2-7] 어골도법 사용 예시

6. 피드백 능력

1) 피드백의 개념

Philip G. Hanson은 피드백(feedback)이라는 용어는 Kurt Lewin

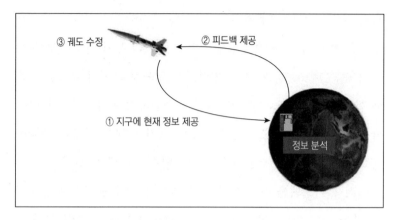

[그림 2-8] 로켓 피드백 원리

이 로켓 엔지니어링에서 빌려 온 것이라고 하였다. 로켓이 지구로 신호를 보낼 수 있는 기계를 싣고 우주로 발사된다. 지구에서는 조정장치가 이 신호를 분석하여, 로켓이 목표를 벗어나면 조정하는 피드백을 제공하여 궤도를 수정하게 한다.

팀은 로켓의 조정기계처럼 팀 구성원이 스스로 만든 목표를 벗어나면 신호를 보내는 기능을 한다고 볼 수 있다. 이러한 신호-피드백은 학습자의 학습활동에 있어서도 그의 궤도를 수정해 주도록 하는 데 쓰일 수 있다. 즉, 러닝퍼실리테이터 또는 팀으로부터의 정보를 통해 학습자는 자신이 목표를 향해 제대로 나아가고 있는지 확인할 수 있을 것이다.

러닝퍼실리테이터의 피드백은 주로 학습자의 학습활동과 관련하여 일어난다. 학습자가 일정한 학습과제를 수행하기 위한 준비과정에서 올바른 방향으로 나아가고 있는지를 관찰하여 피드백을 줄 수도 있고, 학습과제를 수행한 다음 그 결과의 옳고 그름에 대해서 관련 정보를 제공하고 그 이유를 설명하거나 학습이 부족한 부분을 채워 주기 위해서 보충설명을 하거나 부가적인 정보를 제공해 주는 피드백을 할 수도 있다. 즉, 교육장 안에서 학습활동 중에 학습자들의 질적 · 양적인 성취와 관련하여 학습자들에게 학습활동이 보다 효과적으로 일어나도록 하기 위해서 정보를 제공하는 모든 형태의 의사소통 활동을 피드백이라고 할 수 있다.

그러나 피드백을 아무 때나 자주 하게 되면 학습자를 수동적으로 만들 수도 있다. 학습자 중심 참여형 수업에서는 학습의 주도권을 학습자가 가지고 있도록 하는 것이 중요하다. 따라서 꼭 필요한 상황이나 시기에 러닝퍼실리테이터가 개입을 하여 피드백을 주는 것이 매우 중요하다고 할 수 있다.

2) 피드백의 목적

피드백은 학습의 방향을 제공하고 느끼게 하여 학습 성과를 높이고, 러닝퍼실리테이터와 학습자 간의 신뢰를 증진시키며, 학습자를 적극적으로 참여하게 하는 목적을 가지고 있다. 결국 피드백은 교육현장에서 발생하는 문제를 효과적으로 처리할 수 있게 해 준다.

3) 피드백 시기

피드백 시기는 학업성취도 수준에 따라 달리할 수 있다. 학업성취도가 높은 학습자들에게는 메일이나 게시판을 통하여 지연 피드백을 하여도 되지만 학업성취도가 낮은 학습자들에게는 실시간으로 즉각적인 피드백을 하는 것이 좋다. 학업성취도가 낮은 학습자가 당면한 문제에 대해 즉시 피드백을 받지 못하면 학습목표와 다르게 임의로 문제를 해결할 수 있을 뿐만 아니라 학습에 대한 흥미도 잃어버리기 쉽다. 문제를 해결하더라도 학습목표와 다른 방향으로 결과를 도출할 수도 있다. 따라서 러닝퍼실리테이터는 문제가 발생한 적절한 시기에 실시간 피드백을 주어서 학습에 대한 흥미를 유지하면서 주어진 문제를 해결해 나갈 수 있도록 하여야 한다.

4) 피드백 제공방법에 따른 유형

피드백은 제공방법에 따라 설명형 피드백과 암시적 피드백이 있으며 그 의미는 다음과 같다.

(1) 설명형 피드백

설명형 피드백이란 러닝퍼실리테이터가 주도하여 피드백을 제공하는 방법 중 하나로, 학습자 중심 참여형 수업의 각 단계에서 학습자의 토론내용이나 태도의 오류 부분에 대해 잘못된 부분을 지적하여 자세한 설명을 하거나 바르게 할 수 있도록 돕는 피드백을 의미한다.

(2) 암시형 피드백

암시형 피드백이란 러닝퍼실리테이터가 주도하여 피드백을 제공하는 방법 중 하나로, 학습자 중심 참여형 수업의 각 단계에서 학습자의 토론내용이나 태도의 오류 부분에 대해 학습자 스스로 잘못된 부분을 찾아내어 바르게 할 수 있도록 암시를 하거나 격려를 해 주는 피드백을 의미한다.

수업을 진행하는 도중에 피드백을 해야 할 상황이 발생하면 러닝퍼실리테이터가 설명형 피드백을 할 것인지 또는 암시형 피드백을 할 것인지를 결정하여야 하는데, 이것은 학습자들의 지적 수준이나 학습성취도에 따라 다르게 할 수 있다. 학습자들의 지적 수준과 학습성취도가 높으면 암시형 피드백이 바람직할 수 있고, 그 반대이면 설명형 피드백이 바람직할 수 있다.

5) 상황에 따른 피드백

러닝퍼실리테이터가 학습자들에게 피드백을 잘 주려면 우선 경청을 잘하여야 하고 학습의 진행 상태를 전체적으로 관찰하고 있어야 한다. 그렇게 해야 효과적인 피드백을 해 줄 수 있다.

러닝퍼실리테니터가 피드백을 주어야 할 상황이 적으면 그 학습 팀은 잘 운영되고 있다는 것이고 피드백을 주어야 할 상황이 많다면 그 학습 팀은 여러 가지로 어려움이 있는 학습 팀일 수 있다. 특히 학습 팀 내에 문제를 일으키는 팀원이 있을 경우에는 매우 난처하다. 러닝퍼실리테이터는 이러한 문제가 인지되면 개별적으로 면담을 하거나 다른 소통의 수단을 이용해서라도 조기에 문제를 제거해 주어야 한다. 이 외에도 수업 진행 중에 여러 가지 트러블 상황이 생길 수 있다. 러닝퍼실리테이터는 이러한 트러블 상황에 적절한 피드백을 주어서 학습 팀이 바람직한 학습활동을 할 수 있도록 촉진하여야 한다.

〈표 2-7〉은 상황에 따라서 러닝퍼실리테이터가 피드백을 주는 방법을 사례 중심으로 설명해 놓은 것이다.

〈표 2-7〉 상황에 따른 러닝퍼실리테이터 피드백 방법

상황	러닝퍼실리테이터 피드백
학습자가 자신이 잘 아는 분야에 대해서만 학습과제를 담당하려고 할 때	• 문제해결 자체보다 문제를 통해 학습을 하도록 하는 데 목적이 있으므로 학습자가 잘 모르는 분야의 학습과제를 담당하도록 안내한다.
직위나 계급에 의한 위계적인 학습분위기가 형성될 때	• 모든 학습자가 동등한 위치에 있음을 강조한다.
일방적으로 토론이 이루어질 때	• 다른 팀원들도 의견을 제시하도록 독려한다. 토론방법으로 익명그룹 기법이나 여섯 색깔 생각의 모자 기법을 사용해 보도록 안내한다.
학습자 간 정보 공유가 부족할 때	• 학습자 스스로가 훌륭한 학습자원임을 상기시켜 준다. • "혹시 ○○에 대해 설명할 수 있는 사람?" 또는 "○○에 대해 경험이 있는 사람?" 등의 질문을 한다. • 게시판이나 SNS를 통해 정보 공유활동을 활성화하도록 한다. • 동료평가가 있음을 알려 주고 정보 공유를 활성화하게 한다.

한 학습자가 토론에 지나치게 우위를 차지할 때	• 다른 학습자를 토론에 끌어들인다. • 팀 역할 분담 시 비판자 역할을 담당할 학습자를 정하고 이 학습자가 비판적 발언을 공식적으로 하게 한다. • 그 학습자 의견에 반대되는 의견은 없는지 등을 질문한다.
수줍어서 학습활동에 소극적인 학습자가 있을 때	• 그 학습자를 위축시키지 않고 배려받는 느낌을 주면서 학습활동에 적극적으로 참여하도록 유도한다. • 좀 더 개방적인 위치로 자리 배치를 바꾸어 준다.
무임승차 학습자가 있을 때	• 무기명 동료평가가 있음을 알려 준다. • 개인적으로 피드백을 주어 러닝퍼실리테이터가 인식하고 있음을 표시한다.
토론에서 핵심을 찾지 못하고 헤매고 있을 때	• 잠깐 쉬었다가 진행을 해 보도록 한다. • 토론 도구를 사용하도록 안내한다. 　– 익명그룹기법으로 아이디어를 생성 　– 친화도법으로 아이디어를 수렴 　– 어골도를 사용하여 분석 등
토론이 집중되지 않고 패가 갈리고 있을 때	• 사회자에게 패가 갈리고 있음을 인식시키고 사회자를 중심으로 의견을 조율하도록 한다. • 여섯 색깔 생각의 모자 기법을 사용하여 역할 발언을 통해 객관적인 토론이 되도록 한다.
그룹 전체의 활발한 토론이 이루어지지 않을 때	• 지친 경우 쉬었다 한다. • 문제가 너무 어려운 경우 2인 1조로 나누어 얘기를 해 보게 하여 실마리를 푼다. • 토론기법이 부족할 경우 익명그룹기법 또는 여섯 색깔 생각의 모자 기법을 사용해 보게 한다.
학습하는 데 목적을 두지 않고 문제해결에만 초점을 두고 있을 때	• 문제해결 방법보다는 문제해결과 관련된 지식을 익히는 것이 더 중요함을 인식하게 한다.

토론이 막혀 더 이상 진행되지 않을 때	• 지금까지 진행되어 온 토론의 흐름을 정리하여 설명해 보게 한다.
학습과제 수행 결과 토의에 어려움을 겪을 때	• 학습한 과제에 대해 다음과 같이 체계적으로 정리해 보도록 한다. – 알게 된 사실 – 이해가 안 되는 것 – 더 알고 싶은 것
학습 결과 발표내용이 부실할 때	• 러닝퍼실리테이터가 내용 전문가인 경우 보충 설명을 해 준다. • 러닝퍼실리테이터가 내용 전문가가 아닌 경우 발표시간에 맞춰 내용 전문가를 초빙하여 보충설명이 될 수 있도록 미리 조치를 취한다.

7. 비판적 분석 능력

1) 비판적 분석의 개념

비판적 분석이란 비판적 사고를 가지고 정보를 분석하는 것을 말한다. 분석을 통해 감정에 치우치지 않고 신뢰할 만한 근거를 바탕으로 정보의 질을 평가하려는 자세를 가지는 것이 중요하다.

비판적 분석의 개념을 이해하기 위해서는 분석의 근간이 되는 비판적 사고에 대해 살펴볼 필요가 있다.

교육심리학회(2000)에서는 비판적 사고를 다음과 같이 설명하고 있다. "비판적 사고는 필연적으로 그 성격상 평가적이다. 그것은 건전한 회의주의로서 정확성, 타당성, 가치를 판단하기 위해 어

면 주장, 신념, 정보의 출처를 정밀하게, 지속적으로 그리고 객관
적으로 분석하는 것이다. 비판적 사고는 사고기능의 차원과 사고
성향의 차원으로 나누어 생각해 볼 수 있다. 비판적 사고기능들
로는 사실과 의견 구별하기, 타당하고 충분한 근거를 들어 의견을
주장하거나 평가하기, 다양한 정보원의 신뢰성을 비교 · 분석하고
보다 신뢰할 만한 정보를 선택하기, 한 문제를 다양한 관점으로
조망하기, 주장이나 진술에 게재된 편견 탐지하기, 특정 진술에 숨
겨진 의미와 가정을 확인하기, 문제의 본질에 적합한 평가의 준거
사용하기 등이 있다. 비판적 사고성향들로는 건전한 회의성, 지적
정직, 객관성, 체계성, 철저성과 같은 것들이 있다."

　김영정과 정상준(2005)에 따르면 비판적 사고는 효과적인 의사
소통, 창의적 문제해결, 합리적 의사결정 등 여러 영역에 두루 적
용되는 복합적인 능력임에도 불구하고 그 근간에 있어서는 하나
의 공통의 뿌리를 가지고 있다. 그 공통적 뿌리의 핵심에는 '비판
적 사고의 9요소와 9기준'이 놓여 있으며, 이 9요소와 9기준이 비
판적 사고 능력 계발에서 중심적 역할을 담당하고 있다. 따라서
이러한 각 요소에 대해서 살펴볼 필요가 있다.

2) 러닝퍼실리테이터의 비판적 분석 능력

　학습자 중심 참여형 수업에 있어서 러닝퍼실리테이터의 비판적
분석 능력이란 학습자 중심 참여형 수업에서 러닝퍼실리테이터
역할을 하는 교수자가 학습자들이 제시하는 다양한 정보와 학습

활동들을 신뢰할 만한 비판적 분석의 준거를 바탕으로 객관적으로 관찰하고 평가하여 학습 촉진이 일어날 수 있도록 하는 능력을 말한다.

비판적 분석을 통한 러닝퍼실리테이터의 개입활동은 학습자의 아이디어 교환, 관찰과 같은 이론과 실천의 통합과정에 영향을 주어 학습자의 연결고리를 성숙하게 만들어 준다. 또한 비판적 분석을 통한 개입활동은 단순한 문제해결을 위한 수단이 아니라 학습자의 존재 의미를 개인적 범위에서 공동체와 사회에까지 연결하도록 도울 수 있다.

러닝퍼실리테이터의 이러한 비판적 분석활동은 학습자의 비판적 성찰활동을 촉진시켜 준다. 이를 통해 학습자의 숨겨진 신념의 논리적 오류를 자각하도록 촉진할 수 있고 학습자가 근본적인 개념을 뚫고 새로운 관점을 가지도록 도울 수 있다.

3) 비판적 분석을 위한 사고의 9요소와 9가지 기준

Paul, Fisher와 Nosich(1993)는 "비판적 사고는 어떤 주제나 내용 또는 문제에 관한 사고의 양태이다. 그 속에서 사고 속에 내재한 구조들을 숙련시키고 그것들에 지적 기준을 부과함으로써 자신의 사고의 질을 증진시킨다."라고 하였다.

여기서 말하고 있는 사고의 양태 구조가 사고의 9요소이고, 지적 기준이 사고의 9기준이다. 사고의 9요소는 〈표 2-8〉과 같다.

〈표 2-8〉 비판적 사고의 9요소

분석적 사고	추론적 사고	종합적 사고	대안적 사고
분석	논증	변증	
문제 (question at issue)	결론 (conclusion)	목적 (purpose)	
개념 (concept)	전제 (presupposition)	관점 (point of view)	
정보 (information)	함축 (implication)	맥락 (context)	

출처: 김영정, 정상준(2005).

이 표에서 보는 바와 같이 분석 단계에서 고려하여야 할 사고의 요소는 문제, 개념, 정보의 세 가지이고, 논증 단계에서 꼭 생각을 해야 할 사고의 요소들은 결론, 전제, 함축의 세 가지이며, 변증 단계에서 고려하여야 할 사고의 요소는 목적, 관점, 맥락이다. 사고의 9기준은 〈표 2-9〉와 같다.

〈표 2-9〉 비판적 사고의 9기준

분석적 사고	추론적 사고	종합적 사고	대안적 사고
분석	논증	변증	
분명함 (clarity)	적절성 (relevance)	심층성 (depth)	
정확성 (accuracy)	논리성 (logicalness)	다각성 (breadth)	
명료성 (precision)	중요성 (importance)	충분함 (enough/sufficiency)	

출처: 김영정, 정상준(2005).

이 표에서 보는 바와 같이 분석 단계에서 고려하여야 할 사고의 기준은 분명함, 정확성, 명료성의 세 가지이고, 논증 단계에서 꼭 생각을 해야 할 사고의 기준들은 적절성, 논리성, 중요성의 세 가지이며, 변증 단계에서 고려하여야 할 사고의 기준은 심층성, 다각성, 충분함이다.

비판적 사고를 위해 첫 번째로 적용되는 기준은 분명함이다. 분명하지 않는 진술은 무엇을 의미하는지 이해하기 어려우므로 애매함을 피해야 한다.

두 번째로 적용되는 기준은 정확성, 명료성, 적절성이다. 정확성은 어떤 사물이나 사건을 있는 그대로 나타내는 것이고, 명료성은 어떤 진술의 의미를 확실하게 이해하는 데 필요한 것이며, 적절성은 진술이 현안 문제와 잘 관련되어 있다는 것을 의미한다.

세 번째 적용되는 기준은 논리성, 중요성, 심층성이다. 논리성은 사고들이 서로 모순되지 않고 일관적인 것을 의미하며, 중요성은 사고과정에서 가장 중요한 정보에 집중하고 고려해야 한다는 것이고, 심층성이란 문제를 피상적으로 다루지 않고 더 깊이 들어가 내재된 복잡성을 파악해 내는 것을 의미한다.

네 번째 적용되는 기준은 다각성이다. 다각성은 적절한 모든 관점에서 문제를 고찰하고 폭넓게 사고하는 것을 의미한다.

마지막으로 적용되는 기준은 충분성이다. 충분성이란 사고의 과정에서 목적과 요구에 적절하도록 쟁점과 관련된 사항들을 모두 고려하는 것이다.

이상과 같은 아홉 가지의 비판적 사고 분석 기준에 맞춰 잘 사용할 수 있는 능력이 비판적인 분석 능력이라고 할 수 있다.

4) 여섯 색깔 생각의 모자 기법

여섯 색깔 생각의 모자 기법은 Edward De Bono 박사가 개발한 기법이다. 여섯 가지 색깔의 각 모자마다 다른 역할의 의미를 부여하고 학습자가 해당 색깔의 모자를 쓰면 그 모자의 역할에 맞는 내용을 말하게 하는 기법으로, 자아를 손상하지 않고 객관적이고 그 색깔에 맞는 분석적인 의견을 마음대로 제시하도록 할 수 있다.

이는 훌륭한 연기자에게 바보 역을 주면 그 역을 훌륭하게 수행하고 성취감을 느끼면서 스스로를 자랑스럽게 생각하며 자신을 결코 바보라고는 생각하지 않는 원리와 같다. 여섯 색깔 모자별로 나타내는 의미는 〈표 2-10〉과 같다.

〈표 2-10〉 여섯 색깔 생각의 모자의 색깔별 의미

모자 색	의미
흰색	객관적인 사실이나 숫자
빨간색	감정적 견해
검정색	부정적인 측면을 포괄
노란색	낙천적이고 긍정적인 사고를 대표
초록색	창조성, 새로운 아이디어를 나타냄
파란색	통제와 사고과정의 조작과 관련됨

이와 같이 팀학습 활동에 많이 사용되는 여섯 색깔 생각의 모자 기법은 비판적 분석활동 도구로도 활용할 수 있다. 여섯 색깔 생각의 모자 기법은 여섯 가지 색깔 모자별로 따로 분리하여 사고함으로써 복잡하고 전체적인 사고에서 벗어나 객관적이고 비판적으로 뜯어서 어떤 상황을 관찰하고 판단할 수 있게 지원한다.

8. 학습분위기 촉진 능력

1) 감성과 학습 능력

불안은 여러 가지 방법으로 학습 수행을 방해할 수 있고 당면한 과제의 주의를 흩뜨린다. 마음에 불안이나 분노, 우울증을 갖고 있는 경우 제대로 학습을 할 수 없다. 강력한 부정적인 감정은 주의력을 오로지 자기의 관심사에만 한정시키고, 그 이외의 것은 보지 못하게 해 버리기 때문이다. 예를 들어, 부모가 이혼한 아이들은 상대적으로 사소한 일상사나 생활 등에 집중하지 못한다 (Goleman, 1996).

감정적 혼란은 여러 가지 정보를 간직하는 기억력을 현저히 저하시킨다. 전두엽에서는 피질에 모여드는 대뇌 회로가 감정적 고통에 빠졌을 때 우선적으로 상처를 입게 되는 것이 기억의 능력이다(Goleman, 1996). 특히 불안은 지적 능력을 손상시킨다. 예를 들어, 불안감이 강한 사람들은 아무리 IQ가 높아도 실패할 확률이 높아진다. 불안은 모든 학습 능력에 악영향을 미친다. 약 3만 6천 명의 아이를 대상으로 실험한 결과 쉽게 불안에 말려드는 사람일 수록 학업의 성취도가 나쁜 것으로 드러났다(Seipp, 1991 재인용). 즉, 불안과 학업성취도는 반비례한다.

　반면에, 좋은 기분은 유연한 두뇌활동을 통해 복합적으로 사고하는 능력을 강화시켜 주므로 지적인 문제에 대한 해결책을 훨씬 쉽게 찾게 해 준다. 그래서 문제해결을 위한 사고를 돕기 위해 농담을 이용할 수도 있다. 웃음은 특히 사람들의 폭넓은 사고를 도와준다. 웃음은 창의성과 의사결정에 따른 결과를 예측하는 데에도 중요한 역할을 수행하는 일종의 정신 능력이다(Goleman, 1996). 기분 좋은 웃음이 지적으로 주는 영향력은 창의적인 해결책을 필요로 하는 문제의 해결에서 더욱 확실하게 드러난다(이재환, 고민경, 2007). Isen(1991)의 연구 결과에 의하면, 텔레비전 코미디물을 시청한 사람들에게 심리학자들이 만든 창의적 사고력을 시험하는 테스트용 문제를 풀어 보도록 했는데 그들은 코미디를 보여 주지 않았을 때보다 더 향상된 능력을 보였다.

　편한 기분을 가진 사람은 계획을 세우거나 결정을 내릴 때 더 적극적이고 긍정적인 방향으로 사고하는 경향이 있다. 원래 기억력은 좋은 기분을 유지하고 있으면 대개 긍정적인 사건을 생각하게 된다. 그러나 침체된 기분을 가진 사람은 의사결정 과정에서 더 소극적이고 부정적인 방향으로 사고한다(Goleman, 1996).

　Levine과 Burgess(1997)는 같은 문제에 관한 이야기를 들었을 때 행복감과 같은 긍정적인 감정 속에 있는 사람은 분노나 슬픔과 같은 부정적인 감정이 있는 사람보다 전체적인 내용을 더 잘 기억했으며 부정적인 감정의 사람은 전체적인 내용보다 부분적 목표나 결과에 관계된 내용을 더 잘 기억한다고 했으며(이재환, 고민경, 2007 재인용), Wigfield와 Eccles(1989)는 수용적이고 편안하며 경쟁적이지 않은 수업분위기를 만드는 것은 학습 성취에 분명히 도움이 된다고 하였다(이재환, 고민경, 2007 재인용).

따라서 러닝퍼실리테이터의 학습분위기 촉진 능력은 학습 효율성 증대와 연결되기 때문에 매우 중요한 능력이라 볼 수 있다.

2) SPOT 활동을 통한 학습분위기 촉진

두산백과사전을 보면 SPOT은 스테이션 브레이크(일반적으로 프로그램과 프로그램 사이에 마련한 짧은 시간)를 이용하는 것과 프로그램 중간에 삽입하는 것, 5분가량의 시간 내에 여러 가지를 모아서 방송하는 것 등이 있다고 설명하고 있다. 그런데 중간중간 짧게 끼어 넣는 개념을 도입해서 교육 분야에서는 학습활동의 시작과 중간, 끝 지점에서 짧게 분위기를 촉진하는 활동을 통상 SPOT 활동이라고 부르고 있다.

이렇게 학습분위기를 촉진하는 활동을 하는 것은 학습자 중심 참여형 교육에서 학습효과를 높이는 데 매우 긍정적인 역할을 한다. 따라서 러닝퍼실리테이터의 학습분위기 촉진 능력은 매우 중요하다.

러닝퍼실리테이터가 사용할 수 있는 SPOT 활동의 종류는 굉장

히 많고 이에 대한 전문 도서도 많이 출간되어 있으므로 여기에서
군이 SPOT의 종류와 방법에 대한 논의는 생략하기로 한다. 러닝
퍼실리테이터는 학습분위기 촉진을 위해서 언제, 어디서, 어떤 형
태의 SPOT 활동을 할 것인가를 꾸준히 연구하고 개발해야 할 것
이다.

9. 평가 능력

1) 학습자 중심 참여형 수업에서의 평가 개념

교수-학습 방법이 달라지면 평가방법도 달라져야 한다. 대부분
의 강의식 수업에서의 평가방법은 출석평가, 수업 중간에 실시하
는 쪽지평가, 과제물 평가, 학습성취도를 확인하기 위한 시험평가
등이 있다. 학습자 중심 참여형 수업에서의 평가는 이러한 방법만
으로는 수업의 효율성과 학습목표를 달성하는 데 제한이 있다. 따
라서 러닝퍼실리테이터는 학습자 중심 참여형 수업에 맞는 평가
의 개념을 알고 시행할 수 있는 능력이 있어야 한다.

학습자 중심 참여형 수업에서의 평가는 비평가 분야로서 자기
평가, 성찰일지 쓰기 등이 있고, 평가 분야로서는 출석평가, 동료
평가, 학습결과물 평가, 교수자 관찰 평가, 학업성취도 평가 등이
있다. 러닝퍼실리테이터는 이러한 평가의 종류와 평가방법을 잘
이해하고 이를 실제 수업에서 활용할 수 있어야 한다.

2) 학습자 중심 참여형 수업에서의 평가 종류 및 방법

(1) 비평가 분야
① 자기평가

자기평가는 자기성찰과 동료들로부터 피드백을 받기 위한 평가이며 평가의 영역으로 과제 수행자로서의 수행내용, 자기주도 학습자로서의 수행사항, 학업성취도, 학습 팀 구성원으로서의 수행내용 등에 대해 진솔하게 생각하고 동료들에게 말한다. 자기평가를 들은 동료들은 자신이 생각하고 있는 진술한 내용을 메모하여 피드백을 준다.

② 성찰일지

성찰일지를 쓰게 하면 학습자의 내적인 경험과 외적인 경험을 통합하여 재구조화를 통해 깨닫게 할 수 있다. 따라서 러닝퍼실리테이터는 학습자들에게 성찰일지를 쓰는 것을 강조할 필요가 있다. 성찰일지는 주로 수업이 끝나는 시점에서 종합적인 성찰을 하는 경우가 많으나 수업 중간에도 수시로 성찰활동을 하게 하면 더욱 효과가 있다.

(2) 평가 분야
① 출석평가

출석평가는 수업시간에 출석 여부를 확인하는 것으로서 기존의 강의식 수업에서와 같다.

② 동료평가

동료평가는 팀원 중에서 자신을 제외한 나머지 팀원에 대해 동료평가서를 작성하는 것을 말한다. 5점 척도의 평가항목을 만들어서 평가를 한 다음 동료의 장점과 단점을 기록하게 한다. 러닝퍼실리테이터는 이러한 동료평가 결과서를 보고 학습자를 지도하고 관리하는 데 참고자료로 활용할 수도 있고 필요시 성적에 반영할 수도 있다. 수업 시작 전에 동료평가가 있고 이것을 성적에 반영을 한다고 학습자들에게 얘기하면 학습자들의 수업참여도를 더욱 높일 수 있으며 무임승차 학습을 예방하는 효과를 가져올 수도 있다.

③ 학습결과물 평가

학습결과물 평가에서는 학습자들이 개별 학습과제 수행 결과에 대해 제출한 내용과 발표내용 등을 고려하여 평가하고 이를 성적에 반영한다.

④ 교수자 관찰평가

교수자(러닝퍼실리테이터) 관찰평가에서는 사전에 관찰평가서를 만들어서 가지고 있으면서 팀 활동에 있어서 참여도, 성실성, 의사소통, 창의성 분야 등을 5점 척도로 체크를 하고, 특히 각 팀원들이 각자 자신의 역할을 잘 수행하였는지를 잘 관찰하여 관찰평가서에 체크를 한다. 이렇게 체크한 결과를 가지고 교수자 입장에서의 관찰평가 점수를 성적에 반영할 수 있다.

또한 교수자가 관찰평가를 한다는 것을 학습자들이 알고 있으면 수업에 더욱 적극적이고 팀원으로서의 활동도 더욱 잘할 수 있는 계기가 될 수 있다.

⑤ 학업성취도 평가

학업성취도 평가는 강의식 수업에서 시험평가를 하는 것과 같다.

이상에서와 같이 학습자 중심 참여형 수업에서의 평가는 기존 강의 수업에서의 평가방법과는 달라지는 부분이 많으므로 러닝퍼실리테이터는 미리 평가 계획을 잘 세워서 수업을 효과적으로 진행해 나갈 수 있도록 하여야 할 것이다. 자기평가, 동료평가, 교수자 관찰평가 방법에 대한 예시문을 부록에 제시하여 놓았으니 평가서 작성 시 참고하기 바란다.

학습자 중심 참여형 교수법

러닝퍼실리테이터가 일반적인 퍼실리테이터와 다른 점은 학습자 중심 참여형 교수법을 기반으로 학습자가 Learning by Doing을 하도록 학습을 촉진한다는 것이다. 따라서 이 장에서는 러닝퍼실리테이터가 알아야 할 학습자 중심 참여형 교수법인 문제중심학습, 액션러닝, 캡스톤디자인, 목적중심시나리오, 플립러닝 등에 대해 자세히 살펴볼 것이다.

제3장
학습자 중심 참여형 교수법

1. 문제중심학습

1) 문제중심학습의 개념

문제중심학습(Problem Based Learning: PBL)은 의과대학에서 교수로 활동하면서 느꼈던 기존 교육환경의 문제에 대한 대안적 방법으로 제시된 Barrows의 문제중심학습 모형이 구성주의적 목표와 방향과 거의 일치하고 있음이 발견되면서 교육학적으로 발전하게 되었다. 즉, 문제중심학습은 구성주의와는 별도로 새로운 교육 방식으로 대두되었으나 이후 구성주의라는 이론적 틀과 접목되면서 현재와 같은 위상을 지니게 된 것이다.

문제중심학습에 관한 여러 학자의 정의를 살펴보면 다음과 같다. Barrows와 Tamblyn(1980)은 문제중심학습을 "문제에 대한 이해나 해결책을 향한 활동의 과정으로 초래된 학습"으로 정의한다. 학습과정의 처음에 문제해결이나 추론 기술을 적용하기 위해 자

극제로서 사용될 문제에 직면하게 되고 문제의 원인이 되는 기제
와 해결방안을 이해하기 위해 필요한 정보나 지식을 찾고 학습하
게 된다고 설명한다. Walton과 Mathews(1989)는 문제중심학습
을 "제시된 상황을 통하여 문제점들을 발견하고, 그 해결을 통하
여 필요한 지식, 기술, 또는 태도를 배움으로써 앞으로 이와 유사
한 상황에 대처할 수 있도록 하는 학습방법"으로 정의하고 있다.
Schmidt(1993)는 문제중심학습을 "학생들이 튜터의 관리하에 소
집단으로 문제를 다루는 교수-학습 접근"이라고 정의하며 대부
분의 경우 문제는 현실에서 파악될 수 있는 현상이나 사건들의 묘
사로 구성된다고 하였다. 종합해 보면, 실제적인 상황을 제시하는
문제에서 학습이 출발하게 되고 이러한 문제를 해결해 나가는 과
정 자체가 학습과정으로 이것이 문제중심학습이라고 하겠다.

또한 학자들은 문제중심학습을 교수방법, 교육과정, 교수설
계로 각각 입장을 달리하여 정의 내리기도 한다. '교수방법'으로
서 문제중심학습을 정의하는 입장은 다음과 같다. Albanese와
Mitchell(1993)은 의과대학에서의 문제중심학습을 "학생들이 문
제해결 기술, 기초과학, 임상과학에 대한 지식을 배우도록 하는
맥락으로서 환자문제를 사용하는 것을 특징으로 하는 교수방법"
이라고 정의한다. Levin(2001)은 문제중심학습을 "학습자가 실
세계 문제와 이슈에 대한 내용지식, 비판적 사고, 문제해결 기
술을 적용하도록 장려하는 교수방법"이라고 정의한다. Eggen과
Kquchak(2001)는 문제중심학습을 "문제해결 기술과 내용을 가르
치고 자기주도적 학습을 위하여 설계된 교수전략"으로 정의한다.

즉, 단순한 하나의 교수전략이 아니라 문제해결, 탐구, 프로젝트중심 교수, 사례중심 수업 등을 포함한 광범위한 교수전략군이라고 정의한 것이다.

'교육과정'으로서 문제중심학습을 정의하는 입장은 다음과 같다. Forgarty(1997)는 문제중심학습을 "비구조화되고 뒤가 트이거나 모호한 실생활 문제로 설계된 교육과정 모델"이라고 정의한다. Finkle과 Torp(1995)는 '교육과정'과 더불어 '교육체제'의 측면에서 문제중심학습을 설명하는데, "학생을 문제해결 전략, 학문의 지적 기반 그리고 실세계의 문제를 반영한 비구조화된 문제에 직면하는 능동적인 문제 해결자로서 끌어들이는 기술을 개발하려는 교육과정이며 교육체제"라고 한다.

'교수설계'로서 문제중심학습을 정의하는 입장은 다음과 같다. Evensen와 Hmelo(2000)는 문제중심학습을 "학습은 문제중심 환경에서 인지적 사회적 상호작용의 산물이라는 가정에 기반을 둔 구성주의 교수법 설계의 한 가지 예"로 설명한다.

여러 학자의 문제중심학습에 대한 이러한 정의를 종합적으로 정리해 보면, 문제중심학습은 협동적 학습환경에서 학습자가 러닝퍼실리테이터에 의한 학습 촉진을 받아 자기주도적으로 실제적 문제(authentic problem)를 해결하고 자신의 학습과정을 성찰해 나가는 과정을 통하여 비판적 문제해결력과 창의적 사고를 키울 수 있도록 하는 구성주의적 교수법이라고 할 수 있다.

2) 문제중심학습의 특징 및 목적

(1) 문제중심학습의 특징

- 실제 사례를 중심으로 형성된 문제를 통해 수업을 진행한다.
- 학생들이 학습목표를 스스로 도출하는 학생중심의 학습이다.
- 수업방법은 토의와 학생 간의 협동적 작업으로 이루어진다.
- 충분한 시간을 가지고 자발적·능동적으로 학습한다.
- 러닝퍼실리테이터는 조력자로서 학습촉진자와 학습안내자 역할을 한다.
- 문제는 학습요점 조직 능력과 문제해결 기술 발전을 위한 수단이 된다.
- 자기주도적 학습을 통해 새로운 정보를 습득한다.
- 전체 학습과정을 통해 통합된 지식을 습득한다.

(2) 문제중심학습의 목적

- 현실 상황에서 실제로 사용 가능한 지식의 기반을 습득한다.
- 과학적이고 분석적인 추론 능력을 함양한다.
- 지식을 통합할 수 있는 능력을 고취시킨다.
- 자율적 학습 능력을 배양한다.
- 협동적 학습을 통해 협업(co-work) 능력과 의사소통 기술(communication skill)을 함양한다.

3) 문제중심학습 프로세스

문제중심학습 프로세스는 [그림 3-1]과 같이 사전학습, 본학습(학습모듈-1, 2), 사후학습으로 나누어져 있다.

사전학습 단계는 본학습에 들어가기 전 학생들의 마음을 열게 하고 팀을 구성하고 문제중심학습에 대한 사전 지식을 제공하는 단계이다. 본학습 단계는 문제를 중심으로 학습자들이 중심이 되어 실제적인 활동을 하는 단계이다. 학습모듈-1에서는 주어지는 문제를 중심으로 문제 인식, 문제 탐색, 가설 선정, 문제 분석, 학습과제 선정 및 학습계획 수립을 하고 각자가 맡은 학습과제를 수행하게 된다. 학습모듈-2에서는 학습 팀이 다시 만나서 가설을 검증하고 학습 결과를 종합하며 평가를 하게 된다. 사후학습 단계는 각자가 총체적 성찰일지를 작성하는 단계이다.

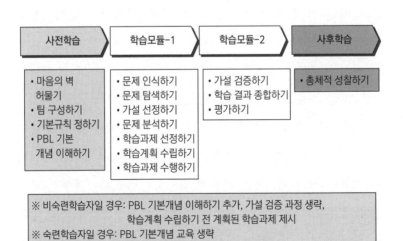

[그림 3-1] 문제중심학습 프로세스

그리고 이러한 프로세스는 학습자의 문제중심학습 숙련도에 따라 차별화하여 적용하여야 한다. 즉, 비숙련학습자일 경우 문제중심학습 기본개념을 먼저 이해하도록 하고 가설을 검증하는 단계는 생략할 수도 있다. 또한 학습계획을 수립하기 전에 러닝퍼실리테이터가 준비된 학습과제를 제시하여 학습의 방향이 지나치게 벗어나지 않도록 통제할 필요가 있다. 반면, 숙련학습자일 경우에는 문제중심학습 기본개념에 대한 설명은 더 이상 필요가 없으므로 생략할 수 있다.

4) 문제중심학습을 진행하기 위한 준비사항

러닝퍼실리테이터의 입장에서 문제중심학습을 진행하기 위해 준비해야 할 사항을 살펴보자. 다음에 제시되는 사항들은 우선적으로 러닝퍼실리테이터가 문제중심학습을 자신의 수업 방식으로 택하기로 결정하고 난 뒤의 준비과정이라고 할 수 있다.

(1) 특정 과목의 목적과 학습목표를 상세히 적는다

이때 학습목표를 가능한 한 지식, 기술, 태도라는 세 가지 측면으로 나누어서 기술한다. '지식'은 보통 강의식으로 할 경우, 러닝퍼실리테이터가 제시하는 내용에 해당하는 것이다. '기술'은 특정 분야 내용에서 배워야 하는 기술 외에도 문제중심학습 과정 결과로서 얻게 되는 기술들로 의사소통 기술, 팀학습 기술, 비판적 논리적 사고력 등이 해당된다. '태도'의 경우도 마찬가지로 문제중심

학습 수업의 결과로서 기대하는 것으로 팀 학습에 대한 긍정적 태도, 학습 전반에 대한 내적 동기부여 측면, 해당 전문분야에 대한 긍정적 태도 등을 예로 들 수 있다.

(2) 수업시간에 다룰 '문제'를 만든다

문제중심학습을 진행하는 데 가장 많은 시간이 소요되며 그만큼 중요한 것이 과연 문제를 어떻게 만드느냐 하는 것이다. 문제중심학습 문제는 포괄적으로 여러 가지 개념이나 요인이 포함되어 실제 상황에서 직면하는 문제들과 매우 유사한 특성을 지니고 있어야 한다. 따라서 어떻게 접근하느냐에 따라 조금씩 다른 문제 해결안이 제시될 수 있는 그런 특성을 지니고 있어야 한다.

예를 들어, 간호학의 경우에는 실제 응급실에서 이루어지는 몇 가지 사례를 구해서 문제로 만들 수 있고, 또 다른 경우에는 논란의 대상이 되는 특정 논문을 갖고 각자의 견해나 입장을 밝히는 것을 문제로 다룰 수 있다. 분명한 것은 어떤 하나의 '정답'이라는 것이 없다는 점을 인식하도록 하며, 나아가 자신의 결론에 도달하기까지 학생들은 많은 고민, 탐색, 깊은 사고를 하도록 하는 것이다. 동시에 러닝퍼실리테이터는 학생들이 문제중심학습 문제를 풀 때, 참조할 수 있는 학습자료를 책이나 논문, 인터넷 사이트, 관련 전문가와의 면접이나 접촉, 러닝퍼실리테이터에 의한 간단한 강의 등의 여러 형태로 제시할 수 있도록 준비해야 한다.

① 문제 제작 단계

일반적으로 문제중심학습에서의 문제는 주어진 수업시간에 적합한 양으로 제작되어야 하며 3~7단계로 나누어 제작한다. 각 단계별 분량은 대체로 1페이지 이내이며 분량이 적더라도 단계별 페이지는 다르게 한다.

- 1단계: 주요 상황을 기술한다.
- 2단계: 문제와 관련된 정보 등을 제공한다.
- 3단계: 문제와 관련하여 최초 분석, 확인, 결과 등을 제공한다.
- 4단계: 문제와 관련되어 일어나는 경과 등 추가적인 정보를 제공한다.
- 5단계: 문제에 따라서 4단계의 연속되는 정보를 제공한다.
- 6단계: 학습자들이 참고하여 학습할 수 있는 관련 도서, 전문가, 현장, 인터넷 등 학습자원 리스트를 제공한다.

각 문제는 학습자용과 러닝퍼실리테이터용으로 구분하여 제작한다. 학습자용은 순수하게 단계별 문제 및 정보만 제공하고 러닝퍼실리테이터용은 비전문가라도 충분히 이해할 수 있도록 참고내용(facilitator note)을 기록하여야 한다.

② 문제 제작 시 고려해야 할 요소
- 이 문제가 해당 교과목의 어디에 적합한 것인가? 그리고 학습단위의 목적과 목표를 구체적으로 검토했는가?

- 이 문제가 다룰 주요 주제에 대해 분명히 이해하고 있는가?
- 이 문제를 다룰 학생들의 사전 수준은 어떠한가? 그리고 학생들이 이 문제를 다루기에 적합한가?
- 이 문제를 다루기 위한 학습자원은 충분한가?

③ 문제와 관련된 학습자원 리스트 작성 시 고려사항

학습자원 리스트는 학생들의 수업 보조자료이다. 학생들이 문제 분석과 학습과제 도출을 완료하였을 때 나누어 주며 다음과 같은 사항을 고려하여야 한다.

- 학생들에게 도움이 될 만한 것만을 선택하였는가?
- 인적 자원이나 단체자원의 이름을 포함시킬 때 그들의 허락을 먼저 받았는가? 그리고 그들에게 문제에 관한 정보를 제공하였는가?
- 도서 및 논문을 포함시킬 때 학생들에게 유용하고 이해할 수 있는 것만 포함하였는가?
- 학생들에게 이 리스트 외에도 얼마든지 공부할 수 있다고 분명히 알려 주었는가?

(3) 문제중심학습 평가방법을 결정한다

문제중심학습에서의 평가는 결과 중심적 평가가 아닌 과정 중심적 평가가 되어야 한다.

① 러닝퍼실리테이터에 의한 평가

각각의 팀원들의 학습내용을 평가표에 따라 평가한다. 평가의 공정성을 위해 러닝퍼실리테이터의 평가기록표는 학생들이 알 수 없는 상태에서 평가한다.

② 동료에 의한 평가

팀 내 모든 동료에 대하여 각각 평가한다.

③ 개인과제 평가

문제중심학습에서 개인에게 할당된 과제 수행의 충실도를 판단하여 평가한다.

④ 팀 과제 평가

문제중심학습에서 각각의 개인 과제 수행 결과를 종합하고 팀 토론을 통해 제시된 문제에서 추구하고자 하는 학습목표의 달성도에 따라 평가한다.

⑤ 기타

이 외에도 성찰일지을 활용하거나 문제중심학습 문제와 관련된 에세이를 통해 평가를 할 수도 있다.

5) 문제중심학습 진행하기

문제중심학습을 진행할 준비가 되었으면 러닝퍼실리테이터는
단계별로 문제중심학습을 진행해 나간다.

(1) 사전학습

사전학습은 〈표 3-1〉에 제시된 것과 같이 다음의 활동들로 구
성되어 있다.

〈표 3-1〉 사전학습

핵심 학습활동	학습자 역할	러닝퍼실리테이터 역할
마음의 벽 허물기	• 열린 마음으로 참여하기 • 학습자 자기소개	• 자유롭고 개방적인 분위기 조성 • 개인 소개방법 제시
팀 구성하기	• 팀 구성	• 팀 구성방법 제시
기본규칙 정하기	• 팀 리더를 중심으로 팀 학습의 기본 규칙을 토의하여 다음과 같은 사항들을 결정 – 학습참여 자세 – 규칙 위반 시 벌칙 – 우수참여자 보상방법 등	• 기본규칙 토의방법 안내
문제중심학습 기본개념 이해하기	• 문제중심학습 기본개념 학습 • 적극 참여	• 문제중심학습 기본개념 강의

① 마음의 벽 허물기

사전학습 단계에서 러닝퍼실리테이터는 학습자들이 열린 마음으로 참여할 수 있도록 분위기를 조성하고 각 학습자에게 자기소개를 하게 하여 마음의 벽을 열 수 있도록 한다.

② 팀 구성하기

팀 구성은 통상 1개 팀을 4~8명으로 구성하고 팀 구성원의 특성을 고려하여 팀 리더, 서기, 정리맨, 시간지킴이, 분위기메이커 등 각각 적절한 임무를 분담하게 한다.

③ 기본규칙 정하기

팀이 구성되면 러닝퍼실리테이터는 학습자들이 팀 리더를 중심으로 토의를 통해 팀의 학습참여 자세, 규칙 위반 시 벌칙, 우수참여자에 대한 보상방법 등을 정하게 하고 팀 토의가 활발하게 진행될 수 있도록 안내한다.

④ 문제중심학습 기본개념 이해하기

문제중심학습을 처음 접하는 학습자에게 처음부터 문제중심학습으로 수업을 진행하는 것은 무리이다. 따라서 러닝퍼실리테이터는 강의를 통해 학습자들이 문제중심학습의 기본개념을 알 수 있게 해야 한다. 그러나 이미 문제중심학습으로 수업을 진행해 본 경험이 있는 학습자에게는 이 학습활동을 생략해도 좋다.

(2) 학습모듈-1

본학습은 학습모듈-1, 2로 나누어 살펴볼 수 있는데 우선 학습
모듈-1은 〈표 3-2〉에 제시된 것과 같이 다음의 활동들로 구성되
어 있다.

〈표 3-2〉 학습모듈-1

핵심 학습활동	학습자 역할	러닝퍼실리테이터 역할
문제 인식하기	• 문제가 어떤 것인지 파악하기	• 문제 제시하기 • 팀원 중 1명이 문제 읽게 하기
문제 탐색하기	• 팀 토론을 통해 문제 탐색하기	• 팀 토론 촉진하기
가설 선정하기	• 문제와 관련하여 가설 제기 하기	• 가설 선정방법 지도하기
문제 분석하기	• 필요한 정보 추가 획득하기 • 획득한 정보를 가설과 관련 하여 분석하고 중요한 사실 파악하기 • 문제 분석 결과 토의 및 기록 하기 • 가설 제외 또는 새로 생성하기 • 학습이 필요한 부분(NTK) 파 악하기	• 분석에 필요한 추가정보 단 계별 제공하기 • 분석활동 관찰하기 • 모든 학습자가 문제 분석 결 과를 말하도록 촉진하기 • 학습이 필요한 부분을 파악 하도록 안내하기 • 학습방향 지도하기
학습과제 선정하기	• 학습과제 선정하기	• 학습과제 선정활동 촉진하기
학습계획 수립하기	• 학습과제 분담하기 • 자신이 학습할 자원에 대해 토의하고 선택하기	• 아는 것이 가장 적은 과제를 학생이 분담토록 독려하기 • 선택할 학습자원에 대해 각자 말하도록 독려하기 • 전문도서 활용을 권장하기

		• 전문가 방문 상담 권장하기
	• 학습에 소요되는 시간 협의 및 다음 만날 시간과 장소 결정하기	• 학습 중 유용하였던 참고자료나 정리한 내용 등을 게시판에 탑재하고 복사해 오도록 권장하기
학습과제 수행하기	• 자기주도 학습과제 수행 하기 • 게시판에 과제 수행 결과 탑재하기	• 자기주도 학습과제 수행 촉진하기 • 게시판에 탑재된 과제 결과 확인하기

① 문제 인식하기

러닝퍼실리테이터는 사전에 준비된 문제의 첫 페이지를 각 학습자들에게 나누어 주고 학습자 중 1명이 문제를 읽게 하여 팀원 모두가 문제가 어떤 것인지 파악하도록 한다.

② 문제 탐색하기

러닝퍼실리테이터는 팀원들이 팀 리더를 중심으로 발산적인 토의를 통해 문제의 핵심이 무엇인지 탐색하도록 안내한다.

③ 가설 선정하기

이 학습활동 단계에서는 최초 주어진 문제 상황 탐색 결과를 중심으로 문제와 관련된 가설을 선정하도록 한다.

④ 문제 분석하기

최초 주어진 문제정보를 중심으로 학습자들이 토의를 하다 보면 추가적인 정보가 필요하게 된다. 러닝퍼실리테이터는 학습자들이 토의를 진행해 나가는 과정을 관찰하면서 적절한 시기에 추가적인 문제정보를 제공한다. 이러한 정보를 통해서 학습자는 가설을 재선정하고 학습자들이 이미 알고 있는 사실과 학습이 필요한 부분(Need To Know: NTK)이 무엇인지 파악하도록 한다. 그리고 러닝퍼실리테이터는 적절한 질문을 통해서 학습자들의 학습방향이 전혀 다른 곳으로 벗어나지 않도록 안내하여야 한다.

⑤ 학습과제 선정하기

문제 분석하기에서 식별된 NTK를 중심으로 학습자들이 학습할 과제가 무엇인지 선정하고 분담하는 학습활동이다. 학습과제를 분담할 때 통상적으로 학습자들은 자기가 잘 아는 분야를 선택하려고 한다. 그러나 러닝퍼실리테이터는 학습자들이 아는 것이 가장 적은 과제를 선택하도록 독려해야 한다. 왜냐하면 문제중심학습의 목적은 정답을 찾는 것이 아니고 문제를 해결해 나가는 과정 속에서 필요한 지식, 기술, 태도를 익히게 하는 것이어서 학습자 각 개인이 학습해야 할 분야가 많은 것을 선택하도록 하는 것이 바람직하기 때문이다.

⑥ 학습계획 수립하기

이 학습활동에서 러닝퍼실리테이터는 사전에 준비한 학습자원

리스트를 학습자들에게 나누어 주고 학습자들이 토의를 통해서
각자가 학습할 자원을 선택하게 하고 학습에 소요되는 시간을 협
의하고 다음 만날 시간과 장소를 결정하도록 안내한다. 그리고 러
닝퍼실리테이터가 제시한 학습자원 이외에도 학습자 스스로 더
많은 자원을 선택하여 학습할 수도 있음을 알려 주어야 하며 학습
중 유용하였던 참고자료나 정리한 내용 등을 홈페이지 게시판에
탑재하고 팀원의 인원수만큼 자료를 복사해 오도록 권장한다.

⑦ 학습과제 수행하기

이 학습활동 단계는 학습자가 맡은 분야의 과제에 대해 자기주
도적으로 학습을 수행하는 단계이다. 게시판을 통해서 학습자들
은 팀원 간 정보를 공유할 수 있도록 하여야 하고 러닝퍼실리테이
터는 게시판에 탑재되는 내용들을 관찰하며 다음 만남을 준비하
여야 한다.

(3) 학습모듈-2

본학습의 두 번째인 학습모듈-2는 〈표 3-3〉에 제시된 것과 같
이 다음의 활동들로 구성되어 있다.

〈표 3-3〉학습모듈-2

핵심 학습활동	학습자 역할	러닝퍼실리테이터 역할
가설 검증하기	• 각자가 활용한 학습자원이 무엇이었고 어떠했는지 발표하기 • 각자의 어려움에 대해 토의하기 • 가설 검증하기 • 학습과제 재검토하기 • 학습 한 번 더 검토하기	• 필요한 정보를 얻기 위해 사용한 자료에 대해 말하도록 유도하기 • 학습해 온 내용을 중심으로 가설 검증 촉진하기
학습 결과 종합하기	• 학습내용 말하기 • 학습내용 전이하기 • 학습내용 종합정리하기	• 토의 촉진하기 • 절차적 지식과 선언적 지식이 보완되도록 조언하기
평가하기 (자기평가/ 동료평가 하기)	• 자기 자신에 대해 평가하기 • 동료의 활동에 대해 평가하기 • 평가지 평가하기	• 학습자 스스로 문제중심학습 수행에 대해 말하도록 하고 동료들은 이에 대해 피드백을 주도록 하기 • 평가지 제시하기

① 가설 검증하기

학습과제 수행이 끝나면 학습자들은 다시 만나서 기존에 세웠던 가설을 검증하게 된다. 이때 러닝퍼실리테이터는 학습자들이 필요한 정보를 얻기 위해 각자 활용한 자원이 무엇이었고 어떠했는지, 각자의 어려움은 무엇이었는지를 먼저 말하도록 안내한다. 그리고 학습해 온 내용을 중심으로 가설을 검증하도록 촉진하고 기존에 선정했던 학습과제가 적절했는지 재검토하게 한다. 검토 결과에 따라 학습을 한 번 더 할 것인지 여부를 결정한다.

② 학습 결과 종합하기

학습 결과 종합하기에서 러닝퍼실리테이터는 학습자들이 각자 학습한 내용을 말하도록 유도하고 상호 간에 학습한 내용이 전이되도록 하여야 한다. 즉, 각 학습자는 자기가 맡은 과제에 대해서는 다른 팀원을 교육시킨다는 차원에서 발표를 하도록 하여야 한다. 각자의 발표가 끝나면 팀원들이 모여 학습내용을 종합적으로 정리하게 한다. 이때 마인드맵을 활용할 것을 권장하고 최초의 문제 상황부터 마지막 가설 검정까지의 전 과정을 종합적으로 정리하게 한다.

③ 평가하기

평가하기에서 러닝퍼실리테이터는 학습자 각자가 돌아가면서 문제중심학습 수행을 위해 활동한 사항을 말하게 하고 다른 동료들은 이에 대한 각자의 생각을 피드백해 주게 한다. 이때 말로서 피드백을 하게 하면 부정적인 측면은 말을 하지 않을 수 있다. 따라서 포스트잇과 같은 메모지를 활용하여 무기명으로 피드백을 주게 한다. 이 활동은 각 개인이 팀 활동에 참여하는 데 많은 참고가 될 수 있다. 그리고 러닝퍼실리테이터는 사전에 준비한 평가지를 각자에게 팀원의 숫자에서 본인을 제외한 수량으로 나누어 주고 팀원의 활동에 대한 평가를 하여 학과에 제출하게 한다. 이것은 학과에서 학습자를 관리하는 중요한 자료로 활용될 수 있다.

(4) 사후학습

사후학습은 〈표 3-4〉에 제시된 것과 같이 총체적 성찰하기 활동이 있다.

〈표 3-4〉 사후학습

핵심 학습활동	학습자 역할	러닝퍼실리테이터 역할
총체적 성찰하기	• 팀학습 결과 종합발표하기 • 팀, 개별 학습과정 및 과제에 대한 개인별 의견 제시하기 • 계획된 학습과제와 선정된 학습과제 비교 성찰하기 • 성찰일지 쓰기	• 종합발표 내용 공유 및 전이 촉진하기 ※ 내용 전문가 참여 • 개인별 발표 참여 촉진하기 • 계획된 학습과제 제시하기

총체적 성찰하기에서는 각 팀이 모두 모여 팀별로 활동한 학습결과에 종합발표를 하게 하고 각 팀의 모든 사람이 학습과정 및 과제에 대한 개인별 의견을 제시하도록 촉진활동을 하여 팀 간에 지식을 공유하도록 한다. 그리고 이 학습활동 단계에서는 내용 전문가를 참여하게 하여 마지막 종합의견을 발표하고 학습활동을 종합정리할 수 있게 하며 이와 더불어 문제 개발 시 계획했던 학습과제를 나누어 주고 각 팀에서 선정했던 학습과제와 비교하게 한다. 마지막으로, 러닝퍼실리테이터는 학습자들에게 문제중심학습활동을 통해서 무엇을 알았는지, 그리고 무엇이 잘못되었는지 등에 관한 성찰일지를 작성하게 하고 사후학습을 마무리한다.

2. 액션러닝

1) 액션러닝이란

(1) 액션러닝의 기원

액션러닝(Action Learning: AL)은 지난 50년 동안 조직이 대변혁의 문제를 다룰 수 있도록 도움을 주었다. 액션러닝을 세상에 소개하고 가장 탁월한 지도자로 남은 선구자는 Reg Revans이다.

Revans는 사람들이 자신들의 문제를 공유하고 서로에게 질문하고 지원받는 과정에 대해 관심을 가졌다. 특히 액션러닝이라는 개념을 여러 나라에 소개했다.

실제적으로 액션러닝의 이야기는 타이타닉호 침몰의 원인 규명 과정에서부터 시작되었다. 첫 항해 중에 침몰하는 어처구니 없는 일이 벌어져 많은 사람의 공격적인 질문을 받게 되었다. 사전에 비참한 결과를 예측하지 못한 설계자와 건조자들에게 그 원인을 돌릴 수밖에 없었는데, 그들이 깊이 관심을 가졌던 문제들이 그룹 내에서는 관심의 대상이 되지 못하고 더 나아가 사소한 문제 제기가 바보 취급당하지 않을까 하는 분위기가 있었기에 타이타닉호는 침몰하였다.

침몰 원인을 규명하는 조사관으로 참여했던 아버지의 활동 이야기를 통해 Revans는 도전을 받아 그룹 내에서 실행 가능할 뿐만 아니라 사소한 질문도 제기하도록 동기 부여되는 프로세스를 개발하기 시작하였다. 영리함보다는 지혜와 상식이 문제해결에 있어 필수적이다. 가능하면 새로운 관점과 새로운 문제 제기, 기본가정에 대한 도전을 위해 외부자와 비전문가가 그룹에 참여해야한다. 75년이 훨씬 지난 후, 이러한 기본적인 통찰은 여전히 액션러닝의 근본으로 자리하고 있다.

(2) 액션러닝의 개념

액션러닝은, 첫째, 교육을 위해 업무현장에서 떠나지 않아도 된다는 점, 즉 업무와 교육이 함께 연계되어 이루어진다는 점, 둘째, 실제의 비즈니스 이슈를 해결하는 과정에서 학습이 효과적으로 이루어진다는 점, 셋째, 업무현장의 비즈니스 이슈나 문제해결책을 잘 아는 암묵지를 보유한 사람이 현장에 있다는 점, 넷째, 기획과 실행이 일원화되어 이루어진다는 점에서 일과 학습, 이론과 실제, 교육과 경영이 연결된 적시형 학습(just in time learning)의 대표적 유형으로 부각되고 있다.

이러한 액션러닝에 대한 정의는 학자에 따라 다양하다. Inglis(1994)는 액션러닝을 "문제에 대한 해결책을 마련하기 위해 구성원이 함께 모여 개인과 조직의 개발을 함께 도모하는 과정"이라고 정의하였고, McGill과 Beaty(1995)는 "목표의식을 가지고 동료 구성원의 지원을 토대로 이루어지는 학습과 성찰의 지속적인 과정"이라고 정의한 바 있다. Marquardt(1998)는 보다 구체적으로 "액션러닝이란 소규모로 구성된 한 집단이 기업이 직면하고 있는 실질적인 문제를 해결하는 과정에서 학습이 이루어지며, 그 학습을 통해 각 그룹 구성원은 물론 조직 전체에 혜택이 돌아가도록 하는 일련의 과정이자 효과적인 프로그램"으로 정의하고 있다.

여러 학자가 제시한 액션러닝의 정의를 종합하여 액션러닝을 정의하면 다음과 같다. 액션러닝은 교육 참가자들이 소집단을 구성하여 각자 또는 전체가 팀워크를 바탕으로 실패의 위험을 갖는 실제문제(real problem with risk)를 정해진 시점까지 해결하는 동시에 문제해결 과정에 대한 성찰을 통해 학습하도록 지원하는 교육방식이다.

(3) 액션러닝의 특징

액션러닝의 특징은 크게 다섯 가지를 지적할 수 있다. 첫째, 액션러닝은 실시간 학습 경험으로, 중요한 두 가지 목적, 즉 조직 경영상의 요구를 만족시키는 것과 개인 및 팀을 개발시키는 것을 동시에 달성하기 위한 방법이다. 둘째, 액션러닝을 통해서 조직은 심각한 경영상의 문제를 해결하거나 경영상의 기회에 적절히 대응할 수 있으며, 동시에 핵심인재를 개발하여 역량을 갖추도록 함으로써 조직을 전략상 가장 이상적인 방향으로 이끌어 가도록 할 수 있다. 셋째, 액션러닝은 민주적 특성으로서 구성원들의 자발성과 임파워먼트, 신뢰도와 비밀유지, 지원과 도전, 삶에 대한 긍정적 접근 등을 강조한다. 넷째, 액션러닝은 성찰을 통한 경험학습, 실천의 창출, 총체적 접근을 강조한다. 다섯째, 액션러닝은 실제적인 접근, 통찰적인 질문을 강조한다.

여러 학자가 밝힌 액션러닝의 이와 같은 특성을 종합적으로 살펴보면 다음과 같다. 첫째, 액션러닝은 임파워먼트적이다. 이는 민주적인 특성으로서 구성원들이 자유로운 분위기 속에서 동등한 권한을 가지고, 개인의 잠재적인 요소들을 쉽게 도출할 수 있는 액션러닝의 가장 중요하고도 필수적인 요소이다. 둘째, 액션러닝은 총체적인 접근방법을 통한 경험 중심의 실천을 강조한다. 구성원들의 암묵적인 지식을 공유하고, 경험을 통해 실제적인 문제해결책의 도출이 가능하다. 셋째, 현장의 실제적인 문제를 다루며, 이의 해결은 통찰적인 질문을 통해 이루어진다. 질문은 창의적인 사고를 촉진하고, 구성원들 사이에서 자신의 한계와 역할을 직시하게 만들며, 문제해결책 도출의 중요한 역할을 수행한다.

2) 액션러닝 절차

액션러닝 절차는 학습자가 학습을 수행해 가는 과정의 중심축이 되는 단계를 의미한다. 학습절차는 8단계로 이루어져 있다. 즉, 1단계 문제 상황 제시, 2단계 문제 인식, 3단계 문제 명료화, 4단계 가능한 해결책 제시, 5단계 우선순위 선정, 6단계 실천계획서 작성, 7단계 현장 적용, 8단계 성찰로 구성된다. 학습절차의 각 단계를 구체적으로 살펴보면 다음과 같다.

(1) 1단계: 문제 상황 제시

액션러닝은 산업에서 발생 가능한 실제적 문제에서부터 비롯된다. 실제적 문제의 학습절차는 실무자가 산업현장에서 직접 겪게 되는 문제를 말한다.

(2) 2단계: 문제 인식

문제해결은 어떤 상황을 해결해야 한다고 인식함에 따라 시작
된다. 문제 인식 학습절차 단계에서는 팀 토론을 통하여 제시된
실제적인 문제를 다각적으로 인식하는 것이다. 즉, 제시된 문제와
관련된 모든 가능한 내용을 모두 살펴보는 단계로서 팀원들은 개
방된 마음으로 모든 팀원의 의견을 경청하는 것이 요구된다.

(3) 3단계: 문제 명료화

문제 명료화 학습절차 단계는 모든 팀원이 받아들일 수 있는 방
식으로 대립의 모든 측면을 알아내고, 분류하여 이름짓는 것이라
고 할 수 있다. 문제 명료화는 문제해결과 의사결정 과정 동안에
초점을 맞출 명확한 기준점을 제시하는 것이다. 팀원들 각각은 문
제 명료화 과정을 거치면서 제시된 문제를 자신의 문제로 받아들
이게 된다.

(4) 4단계: 가능한 해결책 제시

해결책 발견 학습절차 단계는 제시된 실제적 문제를 해결하기 위
한 다양한 접근법을 모색하는 단계이다. 제시된 문제를 인식하고 명
료화하였으면, 그다음에는 팀 토론을 통해 문제를 해결할 수 있는
다양한 해결책에 대한 아이디어를 도출해야 한다. 해결책 발견 학습
절차 단계에서도 문제 인식 단계와 같이 개방된 마음으로 팀원들의

의견을 받아들여 다각적으로 해결책을 모색해 보아야 한다.

(5) 5단계: 우선순위 결정

우선순위 결정 학습절차 단계에서는 팀 토론을 통해 도출된 '가능한 해결책' 중에서 시급성, 경제성, 실현가능성을 고려하여 우선순위를 결정한다.

(6) 6단계: 실천계획서 작성

우선순위가 높은 해결책들이 선정되면 실천계획서 작성 학습절차 단계에서는 팀 토론을 통해 산업현장에서 해결책들을 어떻게 구체적으로 실행할 것인가에 대한 계획을 수립한다. 팀 토론을 통해 각 팀별로 구체적인 실행계획인 액션플랜을 작성하는 단계이다.

(7) 7단계: 현장 적용

현장 적용 학습절차 단계에서는 팀 토론을 통해 작성된 액션플랜을 각 팀원이 자신이 소속된 산업현장에서 직접 수행하게 된다.

(8) 8단계: 성찰

성찰 학습절차 단계에서는 팀 토론과 팀 토론을 통해 나온 액션플랜을 적용하는 과정에 대하여 팀원들이 각자 개별적인 성찰의 시간을 가지게 되고, 이러한 개별 성찰의 내용을 팀원들이 함께 나누는 성찰미팅 단계를 가지게 된다. 그리하여 전체적인 학습의 과정 및 효과에 대한 반성을 통해 자신의 문제점 및 산업현장의 문제점을 다시 한 번 고찰하여 개선할 수 있게 된다.

3) 단계별 러닝퍼실리테이터의 역할

액션러닝 절차 수행의 각 단계마다 러닝퍼실리테이터는 적절한 지원을 제공할 필요가 있는데, 여기서는 러닝퍼실리테이터의 활동에 있어 유사한 단계를 묶어 그 역할을 설명하고자 한다.

(1) 문제 인식과 문제 명료화 단계

이미 앞 단계에서 구성된 팀원들끼리 적절한 상호작용을 통하여 충분한 관계를 형성하였으므로 팀 내에서 이상적인 대화가 자연스럽게 이어질 것이라고 예상하기 쉽다. 그러나 이 단계에서 각 팀들은 기대만큼 생산적인 활동을 하지 않을 수도 있다. 왜냐하면 여전히 팀원들은 무엇을 해야 할지, 어떻게 상호작용을 해야 할지, 특히 주어진 문제에 대한 인식의 공유에 다소의 시간이 소요될 수 있기 때문이다.

따라서 러닝퍼실리테이터는 구성원들이 대화의 창을 열지 못하는 상황을 대비하여, 무엇을 해야 하며, 어떻게 상호작용을 해야 하는지에 관해 구성원들에게 제공할 정보를 가지고 있어야 한다. 즉, 해야 할 일과 하지 말아야 할 일의 목록을 작성하게 하는 등 규칙을 세우게 할 수 있고, 주어진 문제해결 기법을 통해 모든 팀 내 구성원이 어떻게 더 많은 아이디어를 낼 수 있을지, 어디서 더 많은 정보를 얻을 수 있는지 등에 대한 안내를 할 수 있어야 한다.

(2) 가능한 해결책 선정과 실천계획서 작성 단계

이 단계는 창의적인 아이디어들을 창발하는 단계이다. 물론 이전 단계에서도 액션러닝에 참여하는 모든 구성원이 문제 인식과 명료화를 위해 창의적 아이디어를 사용하지만, 문제에 대한 가능한 해결책을 제시하고 실행 여부 혹은 실행의 선후를 결정하는 데 있어 어떤 경우에는 무에서 유를 창조하는 수준 높은 사고를 요구하기도 한다. 따라서 이 단계에서는 러닝퍼실리테이터의 지시적인 역할이 줄어들고, 대신 팀 절차에 보다 많은 관심을 두게 된다. 때때로 팀 활동을 중단하고 팀이 어떤 식으로 협력하는지 점검하기도 한다. 이 시점에서 러닝퍼실리테이터의 역할은 절차 컨설턴트라고 할 수 있다. 러닝퍼실리테이터는 팀을 위한 여러 가지 실험적 기법을 사용하여 팀 사고를 자극할 수도 있다.

(3) 현장 적용 단계

이 단계는 팀 구성원들의 창발적인 아이디어를 실제 현장에 적용해 보는 단계로 팀 구성원과 러닝퍼실리테이터가 경우에 따라서는 서로 떨어져 있게 된다. 그러나 이 단계가 러닝퍼실리테이터에게 휴식의 기간이거나 다소 여유를 갖게 하는 단계라고 오해하는 것은 금물이다. 이 단계에서는 오히려 이전의 단계보다 더 강력한 지원을 아끼지 않아야 한다. 이 단계가 제대로 수행되지 못한다면 액션러닝을 통한 교육효과는 실패로 끝나게 될 것이다.

따라서 러닝퍼실리테이터는 팀 구성원들의 현장 적용에 있어서 문제점은 없는지, 현장의 반응은 어떠한지, 필요한 추가적 지원사항은 무엇인지에 대해 수시로 확인해야 한다. 그리고 이전과는 달리 보다 적극적인 분위기를 진작시킬 수 있도록 계속적인 조력의 메시지를 보내야 할 필요가 있다.

(4) 성찰 회의

문제해결 과정의 큰 장점은 바로 이 성찰 회의(reflection meeting)에 있다고 볼 수 있다. 단지 잘잘못을 따지는 성찰 회의는 금물이다. 해결책을 현장에 적용한 후 적용의 장단점을 넘어서서 어떤 부분이 유용했는지, 유용하지 않은 부분이 무엇인지, 왜 그러한 결과가 나왔는지, 향후 이와 유사한 문제에 부딪혔을 때 적용 가능한 부분은 무엇인지 등에 대해 되돌아볼 수 있도록 해야 할 것이다. 러닝퍼실리테이터는 개인적 차원의 반성에만 머물지 않고 팀 차원의 되돌아보기를 위해 다양한 촉발 질문을 준비해 둘 필요가 있다.

3. 캡스톤디자인

1) 캡스톤디자인이란

(1) 캡스톤디자인의 개념

캡스톤(capstone)이란 사전적으로는 건축에서 벽이나 건조물의 꼭대기에 얹힌, 즉 건축에서 기둥 등의 구조상에서 가장 정점에

놓여 장식, 상징 등으로 마무리가 되는 갓돌이나 관석(冠石)을 의
미한다. 달리 말해서, 건축에서의 마지막 마무리, 절정, 극치, 감동
을 의미하는 것이다. 동양적 표현으로 화룡점정(畵龍點睛)이라는
말과도 통한다고 본다(이재열, 이주영, 김재필, 2005)

  캡스톤디자인(Capstone Design)에 대한 정의는 학자들마다 매우
다양하게 나타나고 있다. Wagenaar(1993)는 캡스톤디자인을 학
생들이 각자의 전공에서 얻은 지식을 확장하고 비판하며 응용하
는 방식으로 구체적인 연구에 통합하는 경험을 통해 절정감을 맛
보도록 하는 교육방법이라 정의하였으며, Davis(2004)는 최종적인
숙련 경험이라고 정의하였다. Murphy(2003)는 학문의 지식 획득
방식에 초점을 맞추어 그 학문의 질문 유형과 주요 쟁점들을 다
루는 과목으로서 다양한 코스 간의 연관성에 대해 감을 갖도록 해
주는 과목, 학생들로 하여금 교육에서 직업적 훈련으로 이행하게
해 주는 전환점이라고 하였다. Moore, Cupp와 Fortenberry(2004)
는 전공에서 공부한 내용을 여타의 과목에서 공부한 내용들과 연
계시키는 교육방법으로 사회가 교육에 대해 가진 기대와 대학의
사명, 그리고 전공 교육 프로그램의 사명을 연결시키고 통합시키
는 교육방법이라고 정의하였다.

  이와 같이 학자들과 기관 등에서는 매우 다양하게 캡스톤디자
인을 정의하고 있는데 이를 요약해 보면 〈표 3-5〉와 같다.

〈표 3-5〉 캡스톤디자인의 개념

출처	캡스톤디자인의 개념
Wagenaar (1993)	학생들이 각자의 전공에서 얻은 지식을 확장하고 비판하며 응용하는 방식으로 구체적인 연구에 통합하는 경험을 통해 절정감을 맛보도록 하는 교육방법
Davis (2004)	최종적인 숙련 경험
Murphy (2003)	학문의 지식획득 방식에 초점을 맞추어 그 학문의 질문 유형과 주요 쟁점들을 다루는 과목으로서 다양한 코스 간의 연관성에 대해 감을 갖도록 해 주는 과목, 학생들로 하여금 교육에서 직업적 훈련으로 이행하게 해 주는 전환점
Moore 등 (2004)	전공에서 공부한 내용을 여타의 과목에서 공부한 내용들과 연계시키는 과목, 사회가 교육에 대해 가진 기대와 대학의 사명, 그리고 전공 교육프로그램의 사명을 연결시키고 통합시키는 교육방법
이재열, 이주영, 김재필 (2005)	대학 4년 동안 습득한 학생들이 소양과 전공지식을 학습자인 학생이 비판적이고 종합적으로 활용하고 응용하여 학문연구나 직업활동 등의 진로에 도움이 될 수 있도록 구체적으로 연구나 숙련 등에 적용할 수 있도록 디자인이 된 교육방법
장동영 (2007)	공학계열의 학생이 실제현장에서 부딪히는 문제를 해결하는 역량을 갖도록 학생들이 졸업 시 졸업논문 대신 학부과정 동안 배운 이론을 바탕으로 작품을 기획, 설계, 제작하는 전 과정을 경험토록 함으로써 산업현장의 수요에 적합한 창의적 기술 인력을 양성하는 종합설계 교육방법
한양대학교 산학협력중심대학 육성사업단 (2006)	학문 분야별로 습득한 전문지식을 바탕으로 하여 지역산업체에서 필요로 하는 작품 혹은 공학인으로서 제작 가치가 있는 작품들을 학생들 스스로 설계, 제작, 평가하여 봄으로써 창의성과 실무 역량, 복합학제적인 팀워크 역량, 리더의 역할을 수행할 수 있는 역량을 보유한 엔지니어 육성 교육프로그램

이희원 (2006)	산업체가 요구하는 산업현장 적응역량을 갖춘 창의적 맞춤형 인력양성 교육을 수행하기 위해 학생, 교수 및 현장 경험이 풍부한 산업체 전문가와 함께 하나의 작품을 기획, 설계, 제작하는 전 과정을 통하여 산업현장의 수요에 적합한 창의적 엔지니어를 양성하는 종합설계 교육프로그램

이상의 정의를 종합하여 볼 때 캡스톤디자인은 학문 분야별 습득한 지식을 바탕으로 산업체에서 필요로 하는 제품을 학생 스스로 설계, 제작, 평가하는 교육방법이라고 정의할 수 있겠다.

(2) 캡스톤디자인의 특징

캡스톤디자인은 다음과 같은 특징을 가지고 있다.

첫째, 캡스톤디자인은 팀을 기반으로 학습을 수행하도록 함으로써 팀워크 역량을 향상시킨다.

둘째, 산학 협동을 통해 현장의 실제적인 공학문제를 해결할 수 있는 기회를 제공하고 실무 역량을 향상시킨다.

셋째, 문제해결을 위한 창의적 사고를 촉진시켜 문제해결 역량을 향상시키며 진행되는 과정에 대한 문서화와 발표를 통해 의사전달 역량이 향상된다.

넷째, 프로젝트 실행 학습을 통해 창의성, 효율성, 안전성, 경제성 등의 모든 측면을 고려할 수 있는 통합적 기술 인력을 양성시키는 효과가 있다.

2) 캡스톤디자인 교수-학습 활동 절차

박수홍, 정주영, 류영호(2008)의 캡스톤디자인 교수활동 지원모형 개발 연구를 기반으로 캡스톤디자인 교수학습활동 절차와 각절차별 러닝퍼실리테이터가 수행해야 할 역할을 살펴보면 다음과같다.

(1) 팀 빌딩
① 팀 빌딩 교수학습활동

팀 빌딩은 크게 팀 선정 및 조직하기, 팀 목표 확인하기, 팀 상호작용하기 단계로 구분하며 각각의 수행방법은 다음과 같다. 각종 진단검사를 통해 나온 팀원들의 특성을 고려하여 팀원을 선정하고 조직한다. 팀 목표 확인하기에서는 생산적 대화 방식을 사용하여 팀 내 규칙을 결정하고 이를 기록한다. 팀 상호작용하기에서는 자기소개하기, 웃고 박수치기 등으로 라포 형성을 하고 업무분장표 등을 바탕으로 팀원의 역할을 이해한 후 팀원의 연락처 등을주고받으면서 유대관계를 구축한다.

② 러닝퍼실리테이터의 역할

러닝퍼실리테이터는 학생들의 팀을 조직해야 한다. 이때 팀은 팀원의 성격, 학습 특성 등을 파악하여 이질적 성향을 가진 팀원을 묶어 조직하는 것이 중요하다. 비슷한 성향을 가진 학습원들끼리 팀이 형성되면 스키마가 유사하기 때문에 새로운 아이디어나 문제해결 방법이 도출되기 어려운 점이 있다. 학습자의 특성을 파악하기 위해서 Kolb의 학습양식 검사지나 MBTI 검사, HBDI 검사, 애니어그램 검사 등을 사용할 수 있다.

팀이 조직되었으면 팀원들끼리 라포를 형성할 수 있도록 팀원들의 교류, 상호작용 시간을 허락해 주어야 한다. 이때 러닝퍼실리테이터는 자기소개하기, 웃고 박수치기 등을 사용하거나 업무분장표, 팀원 연락처 등을 활용하여 팀원들이 상호 의사소통을 할 수 있는 기회를 제공해야 한다.

팀원 간의 상호작용이 끝나면 팀원들에게 캡스톤디자인의 전 과정을 통해 팀이 달성해야 할 목표를 알려 주어야 한다. 이번 과제가 무엇인지, 어떤 것을 제작하고 언제까지 제작해야 하는지 등과 팀원, 팀 간의 역할과 규칙 등을 설명해 주어야 한다. 한편, 이러한 서로 간의 규칙과 목표를 팀 내에서 결정할 수도 있는데, 이때는 러닝퍼실리테이터가 학습 팀의 목표, 방법 설정을 적극적으로 지원해 주어야 한다.

(2) 과제 발굴하기
① 과제 발굴 교수학습활동

과제 발굴하기 단계는 과제현장(산업체, 지자체 등)의 요구분석과 핵심과제 발굴 단계로 나눈다. 과제현장의 요구분석은 첫째, 면담을 통해 분석한다. 둘째, 요구분석지를 통해 분석한다. 셋째, 과거 유사과제 수행과정과 결과를 분석한다. 넷째, 과제현장과의 협력체계를 구축한다. 핵심과제 발견 단계는 "내가 어떻게 하면

이 과제를 해결할 수 있을까?"와 같이 자신에게 구체적으로 질문 하는 방법을 동원하여 문제를 핵심과제 범위로 간결하게 한다.

② 러닝퍼실리테이터의 역할

이 단계에서 러닝퍼실리테이터는 학습 팀이 해결해야 할 과제 를 발굴하도록 조력해야 한다. 과제를 발굴하는 것은 과제현장(산 업체, 지자체 등)의 요구를 분석한 후, 도출된 다양한 요구사항 중 에 핵심과제를 발굴하는 과정을 거치게 된다.

과제현장의 요구를 분석하기 위해서 러닝퍼실리테이터는 학습 팀이 과제현장의 관계자들을 만나 면담을 할 수 있도록 가교 역할 을 하거나 요구분석지, 과거 유사과제 수행 결과들을 학습 팀에게 제공해야 한다. 분석을 위한 틀로서 전단분석, 수행분석, SWOT 분석 등을 참고자료로 쓸 수 있다.

과제현장의 요구분석이 끝났으면 러닝퍼실리테이터는 학습자 가 분석된 과제들 중에서 핵심과제가 무엇인지 발굴할 수 있도록 조력해야 한다. 이때 러닝퍼실리테이터는 학습자에게 "내가 어떻 게 하면 이 문제를 풀 수 있을까?"와 같은 형식의 촉발 질문을 던 짐으로써 학습자가 스스로 주어진 문제를 중요한 범위로 간결하 게 할 수 있도록 해야 한다. 또한 산업현장의 관련 자료, 기존에 이 와 유사한 형태의 문제해결 자료, 체크리스트 등의 시청각 자료를 사용하여 학습자에게 제공하면 학습 효과를 높일 수 있다.

(3) 과제 분석하기

① 과제 분석 교수학습활동

과제 분석하기 단계는 발굴된 실제적 문제(과제)의 모든 가능한 내용을 모두 분석하는 단계로, 다시 과제 분석하기 단계와 더 알아야 할 내용 분석하기 단계로 나눈다. 과제 분석하기 단계에서는 문제 상황과 관련한 다양한 과제 분석 기법 등을 사용하여 과제를 분석한다. 더 알아야 할 내용 분석 단계에서는 KWL 용지를 사용하여 이미 알고 있는 내용과 더 알아야 할 내용을 분석해 낸다.

② 러닝퍼실리테이터의 역할

과제 분석하기 단계에서 러닝퍼실리테이터는 학습 팀이 효율적 · 효과적으로 과제를 분석해 낼 수 있도록 조력해야 한다. 이때 달성하고자 하는 목표나 과제의 성격에 따라 다른 과제 분석방법을 적용해야 한다. 그리고 학습자들이 이러한 사항을 이해하지 못할 수 있기 때문에 러닝퍼실리테이터는 사전에 과제 분석방법에 대해 숙지하고 있어야 한다. 한편, 과제 분석에 가장 적합한 장소는 과제와 직접 관련된 현장이다. 이는 과제의 특성에 따라 달라질 수 있으나, 캡스톤디자인의 수행과제들은 산업체 현장의 문제와 연결되는 것이 대부분이므로 과제현장이 적합한 것으로 판단된다.

과제를 분석하고 나면 분석된 과제에 대해 학습 팀이 이미 알고 있는 것과 더 알아야 할 내용이 무엇인지 찾도록 해야 한다. 이미 알고 있는 것에 대해 중복 학습을 한다거나 더 알아야 할 내용을 빠뜨리고 학습을 하게 되는 경우를 미연에 방지하고 효율적·효과적으로 해당 과제에 대한 학습을 진행하기 위해서이다. 이때는 KWL 용지 등을 사용하여 이미 알고 있는 것과 더 알아야 할 것들을 구분해 낼 수 있다.

러닝퍼실리테이터는 학습자의 상태를 사전에 인지하고 있어야 한다. 학습자의 역량 수준에 따라 더 학습해야 할 내용이 달라질 수 있으므로 학습 팀을 구성하는 단계나 학습의 진행과정 중에 수시로 학습자의 상태나 역량을 파악할 필요가 있다. 이를 위해서는 학습자의 상태 점검을 위한 질문 등을 사용할 수 있다. 학습자에게 질문을 하기 위해서는 먼저, 러닝퍼실리테이터는 학습자가 수행해야 할 과제의 특성과 핵심 학습내용을 사전에 파악하고 있어야 하며, 이를 촉발하기 위한 질문 기법 등을 숙지하고 있어야 한다.

한편, 더 알아야 할 내용을 분석하기 위해 적합한 학습환경은 블렌디드 학습환경이다. 팀 활동에서 자신과 팀의 수준을 확인하고 학습하기에 적합한 환경이 블렌디드 학습환경이기 때문이다 (박수홍, 이정아, 홍광표, 2008)

(4) 과제 명료화하기
① 과제 명료화 교수학습활동
과제 명료화하기 단계는 분석된 과제 중 달성해야 할 과제를 명료화하는 단계로, 과제해결과 의사결정 과정 동안에 초점을 맞출 명확한 기준점을 제시하는 것이다. 이 단계는 다시 협력적인 팀

학습 단계와 과제해결 아이디어 발견하기 단계로 나눈다. 협력적
인 팀 학습 단계에서는 분석된 더 알아야 할 내용을 협력적 팀 러
닝 방법을 통해 학습한다. 이때 과제의 내용, 과제의 방법, 학습하
는 방법의 학습을 동시에 한다. 과제해결 아이디어 발견하기 단계
에서는 브레인스토밍 등의 방법을 사용하여 과제해결을 위해 학
습한 내용 중에서 아이디어를 다양하게 도출해 낸다.

② 러닝퍼실리테이터의 역할

과제 분석하기를 통해 수행해야 할 과제를 찾았으면 발견된 과
제 중 달성해야 할 과제들을 선별하고 명료화하는 작업이 필요하
다. 하나의 작업 안에 달성해야 할 과제들은 다양할 수 있다. 그러
나 그 과제들이 모두 유의미하다거나 필요한 것은 아닐 수 있다.
따라서 과제 명료화하기를 통해 해당 과제를 해결하기 위해 반드
시 수행해야 할 과제를 선별하는 작업이 요구되는 것이다. 이 단
계에서 러닝퍼실리테이터는 아이디어 수렴 도구, 반성적 사고 기
법, 팀 활동 점검 등의 다양한 활동을 통해 학습 팀이 과제를 명료
화할 수 있도록 조력해야 한다. 이때 러닝퍼실리테이터는 학습자
들이 KWL 결과지 속에서 문제가 명료화될 수 있다는 것을 알려
줄 필요가 있다. KWL 결과지 안에는 과제와 관련된 학습 팀의 특
성이 들어가 있기 때문에 '과연 무엇이 문제인가?'를 학습 팀이 쉽
게 발견할 수 있도록 조력해야 한다. 또한 러닝퍼실리테이터는 학
습자가 문제를 해결하기 위해 도출한 다양한 아이디어를 정리할
수 있는 도구나 탬플릿을 제공해야 한다. 아이디어의 정리나 수렴

은 블렌디드 학습환경이 적합하다.

(5) 과제해결 방안 찾기

① 과제해결 방안 찾기 교수학습활동

과제해결 방안 찾기 단계는 명료화된 실제적 문제(과제)를 해결하기 위한 다양한 접근법을 모색하는 단계로, 다시 창의성에 따른 해결방안 찾기, 다양한 해결방안 찾기, 팀원 간 생산적 토론하기 단계로 나누어진다. 먼저, 창의성에 따른 해결방안 찾기 단계에서는 발견된 아이디어 중 창의성의 특성에 부합된 내용들을 추려낸다. 다양한 해결방안 찾기 단계에서는 과제해결을 위한 창의적 아이디어가 포함되도록 과제해결과 시제품 제작을 위한 다양한 해결방안을 브레인스토밍 방법을 통해 찾아낸다. 팀원 간 생산적 토론하기 단계에서는 생산적 토론하기를 통해 해결방안을 가능한 한 많이 찾아내도록 한다.

② 러닝퍼실리테이터의 역할

해결해야 할 과제가 명료화되었으면 그 과제를 해결해야 할 방법을 찾아야 한다. 과제해결 방법은 다양한 방법으로 찾을 수 있는데 창의성에 따라, 다양성에 따라, 학습 팀의 합의에 따라 결정될 수 있다. 이 단계에서 러닝퍼실리테이터는 먼저 학습 팀이 창의성에 따라 해결방안을 찾을 수 있도록 창의적 문제해결 방법에 따른 정보를 학습 팀에게 제공해야 한다. 이때 팀 활동 점검지 등의 도구에 창의적 문제해결 방법에 따라 문제해결 방안을 수립하는 내용이 포함되어야 한다. 이를 수행하기 위해서는 발견된 아이디어 중 창의성에 부합하는 아이디어가 있는지를 고를 수 있도록 안내해야 한다. 이를 위해 러닝퍼실리테이터는 허용적인 분위기에서 창의성의 특성을 사전에 인지하고 창의적 문제해결 기법 등을 동원하여 학습자가 문제를 해결해 나갈 수 있도록 배려해야 한다. 또한 학생들에게 팀 활동 점검지를 지속적으로 제공하여 점검지 안에서 학생들이 창의성에 의한 문제해결 방안을 찾을 수 있도록 조력해야 한다. 창의성에 의한 문제해결은 블렌디드 학습환경이 적합하다.

그 후 창의적 아이디어가 포함된 상태에서 학습 팀이 다양한 해결방안을 도출할 수 있도록 브레인스토밍이나 아이디어 생성, 수렴 도구 등을 학습 팀에게 제공하여야 한다. 창의성에 의한 문제해결 방법은 하나의 문제 상황에 대한 다양한 문제해결 방법의 단서를 제공해 줄 수 있다. 학습 팀이 아이디어를 반복적으로 생성하고 수렴하다 보면 해결방안을 다양하고 구체적으로 도출할 것이다. 이를 위해 러닝퍼실리테이터는 해당 문제와 관련하여 사전에 해결되었던 방법이나 유사한 문제 형태, 핵심 학습내용에 포함된 속성 등을 지속적으로 제공하며, 특히 학생들이 다양하게 생각할 수 있도록 촉발질문지 등을 마련하여 지속적으로 적합한 질문을 해야 한다.

또한 러닝퍼실리테이터는 학습 팀에 적극 개입하지 않아야 하며 자유로운 분위기, 제한된 시간 등의 기법 등도 적절히 사용해야 한다. 그리고 이를 위한 학습환경으로 블렌디드 학습환경이 적합하다.

한편, 학습 팀 내에서 개인의 사고로 그치는 것이 아니라 팀원 상호 간에 생산적인 토론이 진행되도록 러닝퍼실리테이터는 끊임 없이 팀원 간의 대화를 유도하고 생산적 토론 후 도출되는 해결방 안을 학습 팀 스스로 기록하고 남기도록 안내해야 한다.

(6) 해결방안 우선순위 도출하기

① 해결방안 우선순위 도출 교수학습활동

해결방안 우선순위 도출하기 단계는 팀 토론을 통해 도출된 과 제 해결방안 중에서 우선순위를 결정하는 단계로 다시 실현 가능 한 해결방안 도출하기로 구체화된다. 이 단계에서는 도출된 과제 해결방안 중에서 실현 가능성, 중요성, 시급성, 빈도 등을 고려하 여 가능한 해결책을 찾은 후 가능한 해결방안의 우선순위를 결정 해야 한다.

② 러닝퍼실리테이터의 역할

해결안이 수립되었으면 학습 팀이 실제로 해결안 대로 수행하 기 위해 해결방안의 우선순위를 결정해야 한다. 우선순위가 실 현 가능한 것인지, 중요성에 의한 것인지, 절차에 의한 것인지, 시 급성에 의한 것인지를 학습 팀이 결정할 수 있도록 러닝퍼실리테 이터는 해결방안 우선순위의 기준을 학습 팀에게 설명해 주어야 한다. 그리고 그 우선순위가 결국 최종적으로 과제현장의 요구, 학습의 목표, 학습 결과 생산될 시제품에 초점이 맞추어지도록 설명을 해야 한다. 이를 위한 학습환경은 블렌디드 학습환경이 적합하다.

(7) 해결방안 설계 및 제작하기
① 해결방안 설계 및 제작 교수학습활동

해결방안 설계 및 제작하기 단계는 수렴된 해결방안을 바탕으로 과제물 제작을 위한 설계도를 작성하고 작성된 설계도에 따라 시제품을 제작하는 단계로, 과제 설계안 작성하기와 과제 제작하기로 나눌 수 있다. 과제 설계안 작성하기 단계에서는 제시된 설계안을 참고로 하여 과제 수행을 위한 설계안을 작성한다. 과제 제작하기 단계에서는 작성된 설계안을 바탕으로 완성될 시제품을 제작하도록 한다.

② 러닝퍼실리테이터의 역할

해결방안이 수립되고 우선순위에 따라 해결방안이 재배열되었으면 이제 실제로 해결방안에 따라 시제품을 설계하고 제작해야 한다. 러닝퍼실리테이터는 공학적 소양을 동원하여 학습 팀이 시제품과 관련한 설계도안 작성과 제작 활동을 수행할 수 있도록 해결안에 따른 설계, 도면 템플릿을 준비하여 학습 팀에 제공해야 한다. 이때 학습 팀이 사용할 공학 도구(하드웨어, 소프트웨어 모두 포함)를 지원하여 시제품의 완성까지 학습 팀이 원활히 수행하도록 해야 한다. 이 단계의 학습환경은 설계안 제작이 가능한 장소가 가장 적합하다.

한편, 시제품의 특성에 따라 결과물이 설계안으로 끝날 수도 있고 실제 제품의 생산까지 이어질 수도 있다. 이것은 러닝퍼실리테이터와 학습 팀의 상호작용으로 결정해야 할 사항이다. 이 결정에서 가장 중요한 것은 과제현장의 요구와 수행되는 캡스톤디자인의 전체 특성이다. 만약 시제품을 직접 제작해야 할 상황이라면 제작과 관련된 안내정보를 학습 팀에 제공하여야 한다. 이를 위한 설명서 등이 가장 적합한 도구가 된다. 또한 제품 제작을 위한 공학용 하드웨어나 소프트웨어를 제공하여 학습 팀이 도구와 관련된 이유로 제품을 생산하지 못하는 경우가 없도록 해야 한다. 이 단계에서는 제작과 관련된 장소가 학습환경으로 가장 적합하다.

(8) 결과물 전시 및 발표하기
① 결과물 전시 및 발표 교수학습활동

결과물 전시 및 발표하기 단계는 제작된 시제품을 전시하고 시제품과 캡스톤디자인 수행의 전 과정을 발표하는 단계로, 다시 결과물 전시하기, 결과물 발표하기, 진로 선택하기 등으로 나뉜다. 결과물 전시하기 단계는 결과물 전시장을 최대한 미적·공간적·시각적 역량을 충분히 발휘하여 결과물을 전시하는 단계이다. 이를 위해서는 전시장 내에 결과물을 비치하고 전시장을 안내하도록 한다. 결과물 발표하기 단계에서는 완성된 시제품을 중심으로 캡스톤디자인 전체의 내용, 과정, 결과 순에 따라 발표를 진행한다. 끝으로, 진로 선택하기 단계에서는 캡스톤디자인 수행을 통해 다양한 진로를 결정해야 한다.

② 러닝퍼실리테이터의 역할

시제품의 설계와 제작이 끝나면 결과물을 전시하거나 발표해야 한다. 러닝퍼실리테이터는 결과물의 전시를 위하여 학습 팀이 전시장을 확보하고 결과물을 배치하고 전시에 고객을 안내하는 전체적인 상황을 지켜보며 조력해야 한다. 특히 공간 배치, 미적 감각, 전시장과의 행정적 처리 등에 대해 사전에 준비되어 있어야 한다.

또한 결과물 발표를 위해 러닝퍼실리테이터는 학습 팀이 스스로 생산한 결과물에 대한 특성과 차별성, 캡스톤디자인의 전체 수행과정 등을 발표할 수 있도록 프레젠테이션 기술을 학습할 수 있도록 조력해야 한다. 이때 학습 팀이 스스로 결과물에 대한 정보와 결과, 특성 등을 이해할 수 있도록 지속적으로 확인해야 하며 발표를 위한 각종 멀티미디어 요소를 지원해야 한다.

한편, 이 단계에서 업체나 대학 등과 다양한 만남이 이루어질 수 있기 때문에 학습 팀의 진로나 다음 캡스톤디자인 수행을 위해 러닝퍼실리테이터는 학습 팀과 방문자와의 가교 역할을 잘 담당해야 한다. 이 단계에서는 발표나 전시와 관련하여 섭외된 장소가 적합한 학습환경이 된다.

(9) 종합 성찰하기

① 종합 성찰 교수학습활동

종합 성찰하기 단계는 캡스톤디자인 수행의 전 과정을 종합적으로 성찰하는 단계로, 다시 제작물 성찰하기, 제작과정 성찰하기,

자기 돌아보기 단계를 거친다. 제작물 성찰하기 단계에서는 평가
행렬표, 사용성 평가 등을 통해 제작된 시제품의 결과를 성찰한
다. 제작과정 성찰하기 단계에서는 캡스톤디자인 수행 보고서, 성
찰일지 등을 통해 캡스톤디자인 수행과정 전체를 성찰한다. 끝으
로, 자기 돌아보기 단계에서는 성찰일지, KWL을 바탕으로 학습자
스스로 캡스톤디자인 과정 전체를 통해 학습하게 된 내용, 새로
알게 된 내용, 더 알아야 할 내용, 자신이 변화하게 된 점, 수정해
야 할 점 등을 중심으로 자기 성찰하기를 한다.

② 러닝퍼실리테이터의 역할

결과물을 전시하고 발표하는 것까지 수행하고 나면 일반적으로
캡스톤디자인의 전체 과정이 종결된 것으로 오해하기 쉽다. 캡스
톤디자인은 혁신적이고 지속적으로 발전하는 개념이기 때문에 자
기성찰과 수행된 캡스톤디자인에 관한 반성이 반드시 수반되어야
한다.

따라서 러닝퍼실리테이터는 학습 팀이 시제품 자체에 대한 성
찰, 캡스톤디자인 수행과정 성찰, 학습자 자기성찰을 수행할 수 있
도록 조력해야 한다. 학습 팀이 시제품의 결과를 성찰할 수 있도
록 러닝퍼실리테이터는 평가행렬표, 사용성 평가 등을 통해 제작
된 결과물을 성찰할 수 있도록 조력하고 성찰활동의 가이드라인
을 제시해야 한다. 학습 팀이 제작과정을 성찰할 수 있도록 러닝
퍼실리테이터는 캡스톤디자인 수행 보고서, 성찰일지 등을 학습
팀에 제공하고 이를 통해 수행과정 전체를 성찰할 수 있도록 해야

한다. 그리고 학습 팀이 자기성찰을 수행할 수 있도록 러닝퍼실리
테이터는 성찰일지, KWL 작성지 등을 제공하고 캡스톤디자인 과
정 전체를 통해 학습자 스스로 학습하게 된 내용, 새로 알게 된 것,
더 알아야 할 것, 자신의 변화사항을 학습 팀원이 돌아볼 수 있도
록 조력한다.

이 모든 과정을 통해 학습 팀원이 자신의 진로와 새로운 캡스톤
디자인 수행과정을 계획할 수 있도록 조력해야 한다. 이 단계에서
는 과제현장, 강의실, 과제현장에서 제공한 장소 등이 적합한 학습
환경이 된다.

4. 목적중심시나리오

1) 목적중심시나리오의 개념 및 특징

목적중심시나리오(Goal-Based Scenario: GBS)는 1980년대 초 미
국 노스웨스턴 대학의 Schank를 중심으로 개발된 교수설계 이론
이다. 노스웨스턴 대학은 아서 앤더슨 회사가 자사 교육의 질적
향상을 위해 설립한 기업대학인 만큼, 여기에서 개발된 GBS는 기
업교육을 위해 개발된 모형이다. GBS는 실제적인 문제를 사용하
는 PBL과는 달리 특정한 목적을 달성하기 위해 인위적으로 구성
된 시나리오에 기초하여 문제를 다룬다.

GBS에서 학습은 학습자가 흥미를 추구할 수 있도록 조직되었

을 때 자연스럽게 발생할 수 있으며, 학습자의 흥미를 유도하기 위한 방법은 바로 성취 가능한 목적을 달성하도록 요구하는 것이라고 전제한다. 학습 또는 교수는 학습자가 자신의 과제를 성취하기 위해 무엇을 알아야 할 필요가 있는지 발견할 때 자연스럽게 발생한다. 이러한 목적 달성 과제는 문제를 이용함으로써 제시될 수 있다.

GBS에 사용되는 문제는 기능과 사례를 학습하도록 구성된 문제이다. 이 문제는 단순한 지식이 아닌 기능의 획득에 초점을 둔다. 기능이란 무엇을 하는 방법을 아는 것으로 연습에 의해 획득되는 것을 말한다. 만약 어떤 사람이 실제적으로 그것을 활용하지 않고 배울 수 있다면 그것은 기능이 아니다. 이것이 의미하는 바는 기능을 가르치는 최선의 방법은 그것이 사용되는 실제 상황에서 가르쳐야 한다는 것이다. 예를 들면, 생물학은 기능이 아니지만 개구리를 잘 해부하는 것은 기능이다. 밥을 짓는 재료가 쌀이라는 것은 지식이지만 요리는 기능이라고 할 수 있다. 요리는 부단한 연습의 기회를 통해 획득되는 것이므로 기능을 학습하기 위해서는 연습의 기회가 제공되어야 한다. GBS에서 사용되는 문제는 이러한 기능을 연습할 수 있는 기회를 제공하는 장의 역할을 한다. 따라서 GBS는 학습자가 확인 가능한 목적을 가지고, 그러한 목적을 성취하면서 기능과 사례를 둘 다 학습하도록 촉진시켜 주는 문제를 말한다.

GBS는 학습자들이 학습해야 하는 기능을 바람직한 목적을 성취하는 맥락 안에서 학습할 수 있는 기회를 제공하고자 하는 설계

원리이다. 그러나 단순한 목적을 선택하는 것만으로는 필요한 동기가 보장되지 않는다. 중요한 것은 목적이 의미 있어야 한다. 이를 위해서는 목적이 합리적인 맥락 안에서 발생해야 한다.

학습자들은 자신들이 흥미를 가지고 있거나 학습하고 싶은 것을 선택한다면 보다 잘 학습할 것이다. 따라서 학습자들에게 그들이 추구할 목적을 선택할 수 있는 기회를 제공하는 것이 중요하다. 또한 GBS에서는 문제 시나리오가 제시되면, 그와 함께 문제해결에 필요한 사례와 문제해결 과정에 대한 단서, 자료들이 함께 제시된다. 이는 방대한 양의 자료를 필요로 하게 되고, 따라서 GBS는 주로 컴퓨터를 활용하게 된다.

2) GBS 구성요소

(1) 구성요소의 종류

GBS 설계방법을 이해하기 위해서는 GBS를 구성하는 다양한 요소를 확인하고, 각 요소들이 전체적인 구조에서 어떤 기능을 하며, 어떻게 서로 관련성을 가지는지를 이해해야 한다. 시나리오를 설계하는 것은 이러한 구성요소들에 따라 이야기를 엮어 내고, 통합하는 과정이라고 할 수 있다. GBS의 구성요소는 크게 임무 맥락과 임무 구조의 두 부분으로 구별될 수 있고, 두 부분은 또한 각각 두 개의 하위요소로 구성된다. GBS의 구성요소들은 [그림 3-2]와 같이 조직된다.

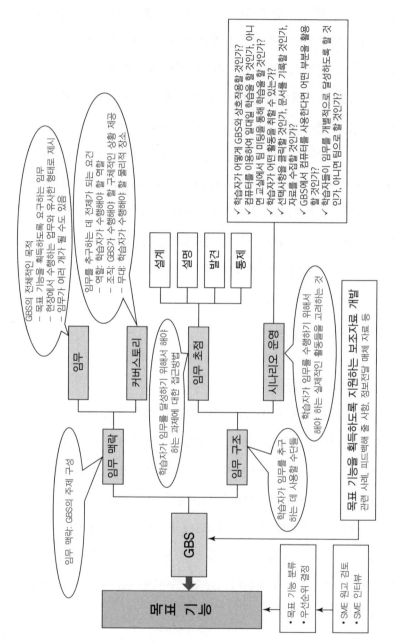

✓ 학습자가 어떻게 GBS와 상호작용할 것인가?
✓ 컴퓨터를 이용하여 GBS에 입력에 의해의 학습을 할 것인가, 아니
 면 교실에서 팀 미팅을 통해 학습을 할 것인가?
✓ 학습자가 어떤 활동을 체함 수 있는가?
✓ 선택사항을 클릭할 것인가, 문서를 기록할 것인가,
 자료를 수집할 것인가?
✓ GBS에서 컴퓨터를 사용한다면 어떤 부분을 활용
 할 것인가?
✓ 학습자들이 임무를 개별적으로 달성하도록 할 것
 인가, 아니면 팀으로 할 것인가?

GBS의 전체적인 목적
─ 목표 기능을 획득하도록 요구하는 임무
─ 현장에서 수행하는 업무와 유사한 형태로 제시
─ 임무가 여러 개가 될 수도 있음

임무를 추구하는 데 전제가 되는 요건
─ 역할: 학습자가 수행해야 할 역할
─ 조직: GBS가 수행해야 할 구체적인 상황 제공
─ 무대: 학습자가 수행해야 할 물리적 장소

임무

커버스토리

설계

설명

발견

통제

임무 초점

임무 맥락

학습자가 임무를 달성하기 위해서 해야
하는 과제에 대한 접근방법

시나리오 운영

학습자가 임무를 수행하기 위해서
해야 하는 실제적인 활동들을 고려하는 것

목표 기능을 획득하도록 지원하는 보조자료 개발
관련 사례, 피드백을 줄 사항, 정보전달 매체 자료 등

임무 맥락: GBS의 주제 구성

임무 구조

학습자가 임무를 추구
하는 데 사용할 수단들

GBS

목표 기능

• 목표 기능 분류
• 우선순위 결정

• SME 원고 검토
• SME 인터뷰

[그림 3-2] GBS 구성요소

① 임무 맥락

임무 맥락(mission context)은 GBS의 주 특성인 주제를 구성한다. 임무 맥락은 임무와 커버스토리로 구성된다. 임무(mission)는 GBS의 전체적인 목적을 말한다. 예를 들면, 트럭회사 경영이 임무가 될 수 있다. 커버스토리는 임무를 추구하는 데 전제가 되는 요건들을 말한다. 예를 들면, 경영할 트럭회사의 특정한 임무, 제공할 서비스, 거래할 소비자들과 경쟁사들에 대한 정보가 '트럭회사 경영'을 하는 임무에 대한 커버스토리가 될 수 있다.

② 임무 구조

임무 구조(mission structure)는 임무을 추구하는 데 사용될 수단들을 말한다. 예를 들면, '트럭회사를 경영하기 위해 학습자들은 무엇을 할 수 있어야 하는가?' 하는 질문에 대한 대답들이 임무 구조를 구성할 수 있다. 이 질문은 다음 두 가지 관점에서 고려될 수 있다.

첫째, 회사를 운영하기 위해 무엇을 할 것인가? 회사를 운영하기 위한 과제에는 다양한 형태가 있을 수 있다. 예를 들면, 학습자들은 회사 운영을 위한 설계과제에 초점을 둘 수 있다. 이를 위해서는 학습자들에게 모의실험 상황에서 자신들의 트럭회사를 만들고, 다른 모의 회사와 경쟁을 하는 새로운 CEO로 고용되어 회사의 문제를 진단하고 설명을 해야 하는 과제를 줄 수도 있다. 이와 같이 임무를 수행하기 위해서 어떤 접근을 선택할 것인가의 문제를 다루는 것이 임무 초점(mission focus)이다. 임무 초점에는 '설계'

와 '설명' 이외에 '발견'과 '통제'의 과제가 있다. 발견 과제는 다른 회사를 방문하고 그 회사의 방법을 탐색하는 것이고, 통제 과제는 학습자들이 회사를 경영하고, 매일의 경영과 관련된 의사를 결정하고, 그것이 경영의 성공에 미치는 영향을 관찰하는 것이다.

두 번째 임무 구조에서 고려해야 할 문제는 학습자들이 임무 수행을 위해 참여해야 할 실제적인 활동들이다. 즉, 글을 쓸 것인가, 그림을 그릴 것인가, 대화에 참여할 것인가 등의 활동을 고안하는 것이다. 이와 같이 학습자들이 수행할 활동을 구상하는 것이 시나리오 운영(scenario operations)이다. 궁극적으로 학습자들은 이러한 활동을 통해 목표 기능을 학습하게 된다. 시나리오 안에는 하나의 임무 구조만 존재하는 것이 아니라 여러 가지의 임무 구조가 병행되거나 혼합될 수도 있다.

(2) GBS 구성요소 설계의 기준

단순히 GBS의 구성요소들을 확인하는 것만으로는 효과적인 GBS를 설계하는 데 충분하지 않다. 각 구성요소들은 다음과 같은 특정한 기준을 충족시켜야 한다.

첫째, 구성요소들은 시나리오의 주제와 일관성이 있어야 한다. 목적 성취의 과정이 목적 그 자체와 주제적으로 일관성이 있을 때 학습자의 동기가 지속될 것이다. 만약 트럭 회사를 경영하는 과제가 수요와 공급에 대한 질문들에 대답하는 것으로만 구성되어 있다면 어떤 학습자도 그들이 성공적으로 트럭회사를 실제로 경영한다는 생각을 갖지 못할 것이다.

둘째, 구성요소는 사실적이고, 충분한 조건을 갖추어야 한다. GBS에서 추구하는 기능을 학습하기 위해서는 충분히 다양한 기회가 주어져야 하며, 충분히 사실적이어야 한다. 트럭 회사를 경영하는 과제인 경우 실제 경영과 관련된 활동들을 직접 체험할 수 있도록 구성되어야 한다. 트럭회사를 경영하는 것이 단순히 똑같은 소비자에게 똑같은 서비스를 반복해서 파는 것으로만 구성되어 있다면 현실성이 떨어져 학습자들이 얻는 것은 거의 없을 것이다. 목표하는 기능을 습득할 수 있는 기회가 주어져야 할 뿐만 아니라 그것은 학습자들에게 유용한 기능이 될 만큼 충분히 사실적이고 다양해야 한다.

셋째, 학습자에게 통제감을 주어야 한다. 임무를 완수하는 데 있어서 중요한 것은 임무가 완수되었다는 사실이 아니라 그것을 완수한 사람이 학습자라는 것이다. 따라서 GBS의 각 요소는 학습자들에게 책임감을 느낄 때만 새로 획득한 지식의 힘을 느낄 수 있을 것이다.

넷째, 도전감을 지속시켜야 한다. 학습자들에 의해 요구되는 노력의 정도를 관리하는 것은 임무의 성취를 가치 있게 만드는 데 핵심적이다. GBS의 다양한 구성요소는 너무 쉽지도, 너무 어렵지도 않게 지속적인 난이도를 유지해야 한다.

다섯째, 학습자의 행동에 반응을 해야 한다. 학습자들은 반드시 그들의 행동에 대한 필요와 그 효과를 모두 볼 수 있어야 한다. 학습자들이 유용하고, 적절한 시기에 내용을 이해할 수 있도록 바른 피드백이 주어져야 한다.

여섯째, 교육목적을 보조해야 한다. 시나리오 자체의 세세한 설계 부분에 신경을 쓰다 보면 시나리오가 특정 기능을 가르치기 위한 것이라는 것을 잊기 쉽다. 시나리오는 학습자들이 학습목표를 달성하는 데 도움을 주어야 하며, 관련이 없거나 시간 소모적인 활동에 종사하도록 해서는 안 된다.

일곱째, 제공되는 자원은 교육적이어야 한다. 학습자들은 종종 임무를 완수하는 데 도움이 필요할 수 있고, GBS는 그것을 제공할 능력이 있어야 한다. 학습자들을 돕기 위한 전략과 자료들(온라인으로 제공되는 비디오 튜터에서 단순한 참고문헌에 이르기까지)은 가르치고자 하는 기능과 GBS의 목적이 일치하도록 조심스럽게 선택되어야 한다. 궁극적으로 선택된 방법의 유형과 질은 학습에 근본적으로 영향을 미치게 되기 때문이다.

(3) GBS 교수학습 설계 절차

GBS의 구성요소와 충족되어야 할 기준이 확인되면, 다음 단계는 실제로 GBS를 설계하는 것이다. GBS의 설계과정은 [그림 3-3]에서와 같이 목표 기능(target skills) 확인, 목표 기능이 요구하는 임무 개발, 임무를 포함하는 커버스토리 개발, 임무 초점 선정, 시나리오 운영 계획, 목표 기능을 보조해 줄 자료 개발로 구성된다.

① 목표 기능 확인

GBS 개발을 위해 가장 우선되어야 하는 단계는 내용 전문가와 함께 어떤 내용을 교육에 포함시킬 것인지 교육내용을 결정하는

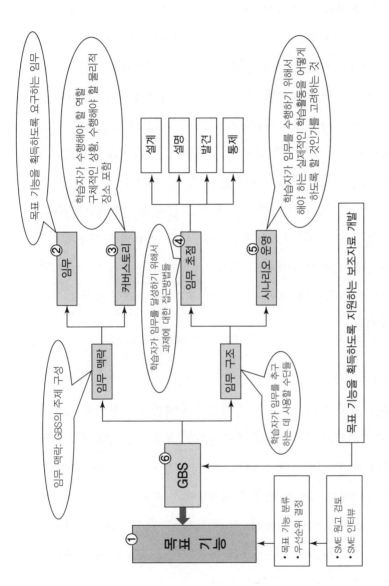

[그림 3-3] GBS 교수학습 설계 절차

＊①∼⑦의 번호 순서대로 수행한다.

것이다. 이를 위해서는, 우선 보편적으로 많은 사람이 요구하는 기능을 확인하고, 학습이 필요한 순서나 시기에 따라 기능을 분류하며, 우선순위를 결정한다. 이에 따라 필요한 기능(목표 기능)이 확인되면, 이를 잘 활용할 수 있는 사례를 확인하고, 이를 기초로 하여 시나리오를 작성하게 된다. 이를 위해서 교육내용이 결정되고 나면 시나리오를 개발하기 위한 역할정보를 수집해야 한다. 역할정보란 누가 무엇을 하고, 그 과정에서 어떤 교훈을 얻었는가 등에 대한 정보로서 전형적인 실수, 그 실수로부터 야기될 수 있는 결과, 이 와중에서 생기는 문제점, 그 문제점들이 해결될 수 있는 방법 등에 대한 정보를 포함한다. 이와 함께 학습 대상자들이 하는 일을 완전히 이해하고, 그들이 그 일을 준비하기 위해서는 무엇을 학습해야 하는지를 이해하기 위한 사례 관련 문서도 수집해야 한다.

② 임무 개발

목표 기능이 확인되고 나면 설계자는 학습자의 동기를 유발하고, 학습자들이 목표 기능을 획득하도록 요구하는 GBS 임무를 설정해야 한다. 임무는 학습자나 그 영역의 전문가들이 현장에서 수행하는 업무와 유사한 형태로 제시된다. 임무는 그것을 달성하면 목표로 하는 기능이 자동적으로 획득될 수 있도록 포괄적이어야 한다. 만약 하나의 임무가 모든 목표 기능을 포함하지 못한다면 여러 개의 임무를 사용할 수도 있다.

③ 커버스토리 개발

커버스토리는 다른 GBS 구성요소들을 통일시키는 상황을 제공한다. 커버스토리는 학습자가 수행할 역할과 행동이 발생할 장면 등 GBS의 진행에 구체적인 살을 붙이는 작업이다. 커버스토리는 역할, 조직, 무대의 세 가지 요소로 구성된다.

첫째, 역할은 학습자가 수행할 구체적인 역할을 지정하는 것이다.

둘째, 조직은 GBS를 수행하기 위한 다른 구체적인 상황을 제공하는 것이다. 예를 들면, '왜 임무가 중요한가?' '누가 함께 일할 것인가?' '임무를 완성하기 위해 어떤 도구가 필요한가?' '얼마 동안 임무를 완성해야 하는가?' '어디서 임무를 수행할 것인가?' '어떤 보상을 원하는가?' 등의 질문에 대한 해답을 찾는 것이다.

셋째, 무대는 학습자가 시나리오 운영에 참가할 기회를 제공해 주는 구체적인 물리적 상황이다.

④ 임무 초점 선정

임무는 학습자들이 성취하도록 시도해야 할 것과 관련이 되는 반면, 임무 초점은 학습자들이 그것을 달성하기 위해서 사용해야 하는 접근방법과 관련이 있다. 다시 말하면, 임무는 목적이고 임무 초점은 수단이 되는 것이다. 만약 GBS의 임무가 회사의 수익을 두 배로 늘리는 것이라면, 임무 초점은 새로운 상품이나 경영 계획을 '설계'하는 것이 될 수도 있고, 비용을 삭감하거나 인력을 감독하는 '통제'가 될 수도 있다. 그리고 비용이 초과되는 부분과 이익이 집중되는 부분을 '발견'하는 것이 될 수도 있고, 운영을 분석하거나 미래의 성과를 예측하는 '설명'이 될 수도 있다. 따라서 임무를 완수하는 데 어떤 방법이 가장 적절한지를 선택해야 한다.

⑤ 시나리오 운영 계획

시나리오 운영은 학습자가 임무를 수행하기 위해 해야 하는 노력을 구체적으로 고려하는 것이다. 예를 들면, 시나리오 운영을 계획하기 위해 다음과 같은 질문을 할 수 있다.

- 학습자가 어떻게 GBS와 상호작용할 것인가?
- 컴퓨터를 이용하여 일대일 학습을 할 것인가, 아니면 교실에서 팀 미팅을 통해 학습을 할 것인가?
- 학습자가 어떤 활동을 취할 수 있는가?
- 선택사항을 클릭할 것인가, 문서를 기록할 것인가, 자료를 수집할 것인가?
- GBS에서 컴퓨터를 사용한다면 어떤 부분을 활용할 것인가?
- 학습자들이 임무를 개별적으로 달성하도록 할 것인가, 아니면 팀으로 할 것인가?

⑥ 보조자료 개발

GBS 설계의 마지막 단계는 시스템을 통해서 학습자가 임무를 달성하고 목표 기능을 획득하도록 어떻게 지원할 것인가를 결정하는 것이다. 이 단계에서 설계자는 학습자들이 어떤 유형의 정보를 이용할 수 있도록 만들 것인지를 결정해야 한다. 예를 들면, 학

습자들이 임무 수행에 필요한 보조 도구로서 관련된 사례, 피드
백, 정보를 전달할 매체자료 등을 개발하는 것이다.

5. 플립러닝

1) 플립러닝이란

(1) 플립러닝의 개념

플립러닝은 Inverted learning, Inverted classroom, Flipped
classroom, Flipped learning 등의 명칭으로 다양하게 불리며 '역전학
습' '거꾸로 학습' '뒤집어진 학습' 등으로 해석되어 사용되고 있다.

민혜림(2018)이 정리한 플립러닝의 개념에 관한 주요 연구자들
의 정의는 〈표 3-6〉과 같다.

〈표 3-6〉 플립러닝의 개념

출처	플립러닝의 개념
Johnson & Renner(2012)	학습자는 미리 집에서 학습내용을 배우고 수업시간에는 다른 학습자들과 협력적인 과제를 수행하는 것
Toqeer(2013)	강의실 밖에서 이루어지는 정보 전달과 검색을 통해 비판적 사고와 학습과정의 응용단계를 위해 준비하고 수업 중에는 토론, 협업, 상호활동 등을 수행하는 것
Bergmann & Sams(2015)	전체 배움 공간을 서로 배움이 가능한 환경으로 바꾸고, 전달식 강의는 개별 배움 공간으로 옮기는 교육실

김남익, 전보애, 최정임(2014)	테크놀로지와 교실 수업이 접목된 블렌디드 러닝의 한 형태로 교실 수업에서의 학습 성과를 높이기 위해 테크놀로지를 활용하는 수업방법
이종연, 박상훈, 강혜진, 박성열 (2014)	학습자는 수업시간에 배울 내용을 인터넷이 가능한 장소에서 동영상을 통해 자율적으로 학습하고, 수업시간에는 교수자 또는 다른 학습자와 함께 토론, 실습 등의 다양한 활동을 하는 것
구본혁(2015)	학습자는 수업에 앞서 교수자가 제공하는 온라인 동영상 자료를 통해 학습하고, 교실 수업에서는 미리 학습했던 내용의 과제를 연습하거나 문제 풀이를 통해 지식을 적용하는 것
한형종, 임철일, 한송이, 박진우 (2015)	강의실 밖에서 온라인 콘텐츠 학습이 일어난 후 강의실 안에서는 다양한 학습자 중심 활동이 일어나며, 교수자는 기존의 강의자가 아닌 조언자 및 촉진자로서 학습자에게 피드백, 조언 등을 제공하는 것
김평식(2016)	교수자와 학습자, 학습자들 간의 질문, 발표, 토의 등이 탄력적으로 이루어지고, 학습자는 학습자인 동시에 서로에게 알려 주고 가르쳐 주는 교수자가 되는 것

(2) 플립러닝의 특징

일반적으로 전통적인 교수학습 방법과 차별화되는 플립러닝 수업의 특징은 크게 다음의 네 가지로 나눌 수 있다(민혜림, 2018).

첫째, 학습과 관련된 매체를 통해 학생들에게 선수지식을 제공한다(Bergmann & Sams, 2012). 교실 밖에서 사용되는 매체는 일반적으로 교사가 제작한 강의 동영상이고, 인쇄자료, 강의노트, 다른 사이트 동영상이 활용될 수도 있다. 이를 통하여 학생들은 수업 전에 미리 개념을 공부한다.

둘째, 교실 안에서는 그룹 기반의 협력학습이 이루어진다(Strayer, 2012). 이때 학생들은 프로젝트 및 문제 기반 학습, 실험,

게임 등의 학습활동을 수행함으로써 심화학습에 참여하고, 교사의 역할은 지식의 전달자가 아닌 학습에 도움을 주는 조력자이자 촉진자, 안내자가 된다.

셋째, 플립러닝에서 수업의 주체는 학생이 강조된다(방진하, 이지현, 2014; 이민경 외, 2016; Bergmann & Sams, 2012). 전통적인 교수 학습 방법에서는 교사가 주도적인 수업을 하는 데 반해, 플립러닝에서는 학생이 능동적이며 주도적으로 수업을 이끌어 간다. 다시 말해, 교실 밖에서는 온라인 콘텐츠로 학습하고 교실 안에서는 다양한 학습을 수행하는 데 있어서 학생은 교사의 조언 아래 능동적인 학습을 수행하게 된다.

넷째, 교사와 학생, 학생과 학생의 상호작용이 강조된다(Bergmann & Sams, 2012; Johnson & Renner, 2012). 교실 안에서는 프로젝트 및 문제 기반 학습, 실험, 게임 등 공동의 과제를 해결하는 장으로 활용된다. 따라서 학생들 간의 다양한 협업을 통해 문제해결력과 사고력이 개발되고 상호관계 증진이 이루어진다. 이때 교사는 학생들을 관찰하고 부족한 학생들에게 도움을 주며 학생들을 더 잘 알아 갈 수 있다.

2) 플립러닝 절차 및 러닝퍼실리테이터 역할

김연경(2016)이 개발한 플립러닝 수업 모형을 기반으로 플립러닝 수업의 절차와 각 절차별 러닝퍼실리테이터의 역할에 대해 살펴보고자 한다.

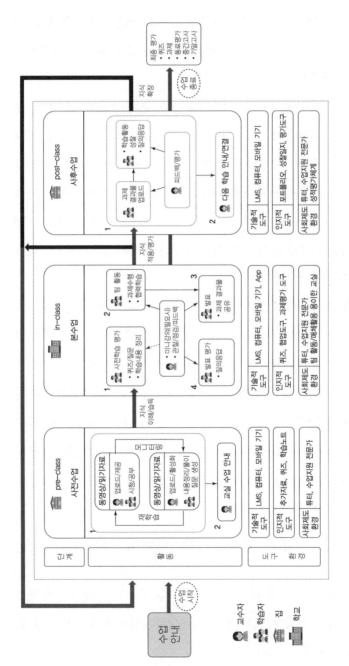

[그림 3-4] 플립러닝 수업 모형

출처: 김연경(2016).

플립러닝 수업의 절차는 [그림 3-4]와 같다(김연경, 2016). 이 모형에 따르면 플립러닝의 기본 단계는 사전수업(pre class), 본수업(in class), 사후수업(post class)으로 나눌 수 있다. 수업 시작과 종료 지점에 수업 안내와 최종 평가활동이 함께 제시되어 있다. 따라서 플립러닝의 절차는 수업 안내-사전수업- 본수업-사후수업 -최종 평가활동이다.

(1) 수업 안내

플립러닝 수업의 실행은 '수업 안내'로부터 시작한다. 플립러닝의 수업을 처음 경험하는 학생이 대다수일 경우 러닝퍼실리테이터는 플립러닝 수업을 진행하기 전 플립러닝 수업을 안내한다. 플립러닝의 경우 학생들에게 생소한 수업방법일 수 있으므로 학생들이 플립러닝을 잘 받아들일 수 있도록 유도하는 것이 중요하다. 러닝퍼실리테이터는 학습자들에게 새로운 수업 방식으로서의 플립러닝 수업에 대한 개괄적인 안내를 시행하고 주차별 수업 내용과 활동을 안내한다.

◆ 러닝퍼실리테이터의 역할

플립러닝 수업 안내활동에서의 러닝퍼실리테이터의 역할은 다음과 같다.

첫째, 학생들에게 제공하는 사전 안내는 기존 수업 방식과 비교하여 플립러닝 장단점, 수업절차, 학습자 역할, 유의점, 최종 평가 방법 등을 포함한다.

둘째, 사전 안내자료는 플립러닝 문헌 및 보고서 등을 활용하여 제작하여 제공한다.

셋째, 사전 안내 시 학생들에게 플럽 러닝 관련 영상을 준비하여 수업의 이해를 돕는다.

넷째, 플립러닝 수업에 참여함으로써 얻게 되는 이점을 소개한다. 예를 들어, 오프라인 수업시간의 감소, 평가 방식의 변화 등이다.

다섯째, 수업 요일에 따른 사전학습 시기를 지정하여 알려 준다.

여섯째, 사전수업에서 학습자의 활동과정인 동영상 및 읽기자료 학습, 퀴즈 풀이, 학습내용 정리, 질문 생성 등을 상세히 안내한다.

(2) 사전수업

러닝퍼실리테이터는 온라인 학습 공간을 통하여 학습자에게 10~20분 정도의 사전에 학습할 동영상이나 읽기자료를 제공한다. 학습자는 개별적으로 동영상을 시청하거나 읽기자료를 공부하고 러닝퍼실리테이터가 제공하는 퀴즈풀이, 학습내용 정리, 질문 생성, 추가자료 확인 등을 통해 자신의 학습과정을 점검한다. 이 과정에서 학습자는 학습내용의 완전한 이해를 위해 러닝퍼실리테이터의 지시에 따라 동영상 시청이나 읽기자료 학습을 반복할 수 있다.

러닝퍼실리테이터는 이 과정이 끝난 후 학습자가 본학습에서 수행할 활동을 확인할 수 있도록 안내한다.

◆ 러닝퍼실리테이터의 역할

플립러닝 사전수업에서 러닝퍼실리테이터의 역할은 다음과 같다.

첫째, 학습자들이 사전에 학습할 동영상이나 읽기자료는 핵심 학습내용으로 선별한다.

둘째, 동영상 강의를 직접 제작하여 제공하는 경우 본수업에 대한 힌트 삽입, 동영상을 열심히 들은 학생들만이 받을 수 있는 인센티브를 추가한다.

셋째, 러닝퍼실리테이터가 동영상을 직접 제작하지 않고 학습내용과 관련된 다큐멘터리, 뉴스, MOOC 강의, OCW 강의, TED 강의, Youtube 영상 등을 활용하여 제공할 수도 있다.

넷째, 동영상 강의가 아닌 읽기자료를 사전학습자료로 활용할 수 있다. 이 경우 10~20분 정도의 학습시간을 고려하여 5페이지 내외 분량이 적당하다.

다섯째, 동영상 및 읽기자료는 지정된 사전학습 요일 하루 전에 반드시 업로드한다.

여섯째, 동영상 및 읽기자료 조회 수를 확인하여 학생들의 학습활동을 점검한다.

일곱째, 학생들에게 동영상 및 읽기자료 학습 후, 퀴즈 풀이, 학습내용 정리, 추가자료 확인 등의 절차를 공지사항으로 안내한다.

여덟째, 본수업 날짜와 본수업에서 학습자 간 팀 활동을 어떤 방식(토의·토론, 역할극, 프로젝트 학습, 문제중심학습, 동료 교수법, 사례연구 실험, 게임, 시뮬레이션 등)으로 진행할 것인지를 본수업 하루 전에 공지한다.

(3) 본수업

본수업이 시작되기 전 러닝퍼실리테이터는 학습자가 퀴즈, 질문, 내용 정리 등을 통해 사전학습을 이행했는지를 점검한다. 이 활동이 끝난 후 학습자의 내용 이해 정도가 기대한 수준에 미치지 못했을 경우 러닝퍼실리테이터는 필요시 미니 강의를 할 수도 있다. 러닝퍼실리테이터는 수업 상황 및 과목의 특성에 따라 사전학습 평가 단계의 시행 여부를 조정할 수 있다. 사전학습에서도 학습자의 사전학습 점검 단계가 포함되어 있기 때문이다. 다음으로, 러닝퍼실리테이터는 본학습을 안내하고 학습자에게 과제를 제시한다. 본학습에서는 토의·토론, 역할극, 프로젝트 학습, 탐구학습, 문제해결, 동료 교수법, 실험 등의 다양한 방법을 활용할 수 있다.

◆ 러닝퍼실리테이터의 역할

플립러닝 본수업 활동에서의 러닝퍼실리테이터의 역할은 다음과 같다.

첫째, 사전수업 평가는 사전학습과 본학습 간의 분명한 연결을 제공하는 과정이다. 학생들이 동영상 및 읽기자료를 공부하고 왔는지, 내용을 정확히 이해했는지를 점검하는 활동이 반드시 이루어져야 한다.

둘째, 사전수업에서 학습자가 작성한 질문을 말하게 하고 답변

해 준다.

셋째, 사전수업 평가를 통해 학습내용에 대한 학습자의 이해가 기대 수준에 미치지 못할 경우 미니 강의를 실시할 수 있다.

넷째, 미니 강의 시에는 주요 개념 중심으로 가능한 한 10분 이내로 짧게 진행한다.

다섯째, 본수업 활동은 학습목적(의사결정, 의견 교환, 가치 판단, 대안 탐색, 실제 문제 상황 해결 등)에 따라 토의·토론, 프로젝트 학습, 탐구학습, 액션러닝, 문제중심학습, 사례기반 학습, 실험 등의 다양한 방법을 적용할 수 있다.

여섯째, 개별 학습자의 이해도, 학습과정을 지속적으로 점검하고 개입이 필요한 개인 또는 팀에게 피드백 또는 질의 응답을 실시한다.

일곱째, 학생들의 활동 참여도, 의사소통, 과제해결 과정 등을 평가한다.

여덟째, 학습 결과물 평가지를 배포하고 학생평가를 진행한다.

아홉째, 전체 팀 발표가 종료된 후, 핵심내용을 간략히 정리하고 세부 내용들의 관계를 구조화하여 정리한다.

(4) 사후수업

사후수업 단계는 러닝퍼실리테이터의 선택에 따라 시행하는 단계이다. 러닝퍼실리테이터는 본수업 후 기대한 학습목표를 달성했다고 판단되는 경우 해당 단계를 생략할 수 있다. 이 단계는 수업내용에 따라 사후 성찰활동이 필요하거나 학습의 결과를 지식의 확장까지 유도할 필요가 있을 경우, 본수업 중 수업활동이 기대한 목적을 달성하지 못하여 학습자의 반응을 점검할 필요가 있을 경우 등에 시행한다. 러닝퍼실리테이터는 본수업의 과제 결과물을 온라인상 학습 공간에 업로드하고 학습활동 성찰과 질의 응답을 유도한다.

러닝퍼실리테이터는 학습자들의 의견과 반응, 상호작용 수준을 확인하고 피드백 및 평가를 진행한다. 이 과정에서 포트폴리오, 성찰일지, 평가 도구가 이용된다.

◆ 러닝퍼실리테이터의 역할

플립러닝 사후수업 활동에서의 러닝퍼실리테이터의 역할은 다음과 같다.

첫째, 학습 결과물을 온라인 학습 공간에 탑재하도록 안내한다.

둘째, 성찰일지 양식을 배포하여 배운 점, 학습과정, 학습내용의 적용 가능성, 팀 활동 소감 등을 작성할 수 있게 한다.

셋째, 학습자들이 다음 차시 사전학습 자료를 학습해야 하기 때문에 학습활동 성찰에 너무 많은 시간을 할애하는 것은 피한다.

넷째, 평가 도구를 활용하여 교수자 평가를 진행한다.

다섯째, 학습과제 결과물을 포트폴리오 형태로 수집하여 최종 평가에 방영한다.

여섯째, 온라인 학습 공간의 게시글, 과제 결과물을 모니터링하면서 학습자의 반응 및 상호작용 수준, 사전수업, 본수업의 애로사항을 파악한다.

일곱째, 러닝퍼실리테이터의 피드백 및 평가, 질의응답은 다양한 소셜 미디어를 활용하여 수행한다.

(5) 최종 평가

최종 평가 단계는 실제 수업을 운영하는 모든 단위 수업이 종료된 후, 러닝퍼실리테이터가 학습자들의 최종 평가를 수행하는 활동을 고려한 것이다. 학습자 중심 수업방법이라는 플립러닝의 특성상 학습 과정 및 결과의 평가 모두가 학생들의 최종 평가에 포함되어야 한다. 따라서 수업의 결과를 평가하는 중간 및 기말 평가뿐만 아니라 수업과정에서 시행된 퀴즈, 형성평가 결과, 과제물 평가 결과, 협력학습 과정을 평가하는 동료평가, 팀 활동과정에서의 발표 및 참여도 등의 수행평가까지 최종 성적 산출에 반영할 수 있다.

◆ 러닝퍼실리테이터의 역할

최종 평가활동에서의 러닝퍼실리테이터의 역할은 다음과 같다.

첫째, 플립러닝 수업에서 이루어진 학생의 학습과정을 평가하는 데 중점을 둔다.

둘째, 플립러닝 수업과정의 결과인 지식의 이해, 적용, 평가, 확장이 이루어졌는지도 평가한다.

셋재, 최종 평가는 다양한 평가 방식(퀴즈, 중간 산출물, 동료평가 결과, 최종 산출물 평가, 관찰평가, 서술형 평가 등)으로 진행한다.

6. 학습자 중심 참여형 교수법의 특징

러닝퍼실리테이터들이 학습자 중심 참여형 기반 교수법들 중 학습 내용과 상황에 따라 어떤 것을 선택할 것인가를 결정하는 능력은 매우 중요하다. 따라서 여기에서는 상술한 각 교수법들을 어떤 상황에서 사용해야 하는지에 대한 각 교수법별 특징을 〈표 3-7〉에서 살펴보고자 한다.

〈표 3-7〉 교수법별 특징

교수법	특징	비고
문제 중심 학습	• 배운 내용으로 문제를 해결하는 것이 아니라 주어진 문제해결을 통해 학습내용을 익히도록 한다. • 생활 속의 실제 문제(authentic problem)를 교수자가 설계해서 제시한다. • 도출된 문제해결안이 실제 문제를 해결하지 못한다 하더라도 도출된 문제해결안보다는 문제해결안 도출과정에서 이루어지는 학습에 좀 더 초점을 맞춘다.	
액션 러닝	• 실생활 속에서 해결안 적용 시 실패의 위험이 있을 수 있는 실제 문제(real problem with real risk)를 학습자가 선정한다. • 도출된 문제해결안의 우선순위를 결정한다. • 도출된 문제해결안을 실제 현장에 적용할 때 실패의 위험이 있을 수 있기 때문에 스폰서의 사전 허락이 반드시 필요하다. • 개인 또는 조직이 가지고 있는 문제를 다룬다.	

캡스톤 디자인	• 배운 지식을 활용하여 산출물을 만들어 낼 때 활용 가능하다. • 각자의 전공에서 얻은 지식을 확장하고 비판하며 응용할 때 활용한다. • 전공영역에서 배운 내용과 다른 과목과의 연계를 하여 산출물을 만들어 낼 때 활용할 수 있다. • 배운 이론을 기반으로 작품을 기획, 설계, 제작하는 전 과정을 경험토록 할 때 선택 가능하다.	
목적 중심 시나 리오	• 학습자가 학습해야 하는 지식과 기능이 명확할 때 이것을 시나리오와 임무에 반영하여 시나리오와 임무를 작성한다. • 실제 문제를 기반으로 하여 팀 중심으로 임무를 해결해 나가는 과정은 구성주의에 기반을 두고 있지만, 학습해야 하는 지식 및 기능이 사전에 명확하게 규정되고 이것을 시나리오와 임무에 반영하는 것은 객관주의에 기반을 둔다. • 학습자들이 문제를 해결할 때 사례 기반 추론(Case Based Reasoning)을 활용한다는 아이디어에 착안하여 학습자들에게 현실에서 일어날 수 있는 상황과 유사한 시나리오를 경험하게 함으로써 실제 문제 해결 역량을 배양하고자 할 때 선택한다.	
플립 러닝	• 단순한 지식은 가정에서 온라인을 활용한 사전학습으로 진행하고 본수업에서는 오프라인 상황에서 교수자가 실제로 필요한 문제해결, 토의·토론, 실험, 실습, 협동학습 등의 학습을 하고자 할 때 선택한다. • 온라인 사전학습 자료는 동영상 또는 읽기자료도 가능하다. • 교수자는 본수업 상황에서 수업을 어떻게(문제중심학습, 액션러닝, GBS, 토의·토론학습, 실험, 실습 등) 운영할 것인지에 대해 구체적으로 설계해야 한다.	

러닝퍼실리테이터의
역할과 발전 방향

이 장에서는 러닝퍼실리테이터의 역할과 발전 방향을 기술한다. 이를 위하여 인적자원개발의 세 가지(개인개발, 조직개발, 커리어개발) 차원 중에서 러닝퍼실리테이터가 발휘할 수 있는 두 가지 차원, 즉 조직개발에서 조직문화 조성자로서의 러닝퍼실리테이터를 먼저 알아보고, 커리어개발에서 중요한 개념인 창업·창직 개발 조성자로서의 러닝퍼실리테이터에 대하여 안내하고자 한다.

제4장
러닝퍼실리테이터의
역할과 발전 방향

퍼실리테이션이라는 글자에 담긴 기본적 의미는 어렵고 힘든 일을 어렵지 않게 느끼도록 간편, 용이하게 일 해결 프로세스를 촉진해 주는 과정이다. 즉, 힘들고, 복잡하게 느끼는 일의 프로세스를 어렵지 않고 혹은 그 과정이 재미와 호기심이 발동하고 의미 있는 과정적 결과 또는 성과가 나올 수 있도록 도와주는(helping) 과정이라 볼 수 있다.

러닝퍼실리테이터는 단순히 과업의 내용에 관한 지식 전달자가 아니라, 새로운 일을 수행할 수 있도록 공유된 가치를 이끌고 그 가치를 실천할 수 있도록 구성원 간에 동기를 부여해 주고 독려하여 마침내 결실을 이끌어 내도록 촉진하는 프로세스 경영자이자 지치고 힘들 때 창조적 긴장이라는 새로운 에너지를 조성해주는 에너자이저이며, 개인의 독창적인 아이디어를 마음껏 발휘할 수 있도록 해 주는 자유로운 환경 조성자라고 할 수 있다. 또한 구성원들이 자신의 역량을 마음껏 쏟아부어도 아깝지 않을 수 있도록 각 구성원들이 '왜 이 일을 해야만 하는가?'에 대해 각자의 단순한 금전적 이익이나 인센티브를 벗어나 인생의 고차원적 이유와 의미를 형성할 수 있도록 의미를 부여하는 독려자로서의 역할을 담당한다.

이러한 맥락에서 이 책에서는 인적자원개발의 세 가지 차원(개인개발, 조직개발, 커리어개발) 중에서 러닝퍼실리테이터가 발휘할 수 있는 조직개발에서 조직문화 조성자로서의 러닝퍼실리테이터를 먼저 알아보고, 커리어개발에서 중요한 개념인 창업 · 창직 개발 조성자로서의 러닝퍼실리테이터에 대하여 안내한다.

1. 조직문화 조성자로서 러닝퍼실리테이터

시대적 변화에 긴밀하게 조직 변화를 이끌 수 있는 이상적인 형태의 조직을 학습조직이라고 한다. 그 반대로, 환경 변화에 둔감하고 변화가 결코 일어나지 않는 형태의 조직을 학습불능조직이라고 하며 이러한 조직은 소멸하게 된다. 관료조직이 어쩌면 학습조직과 대척점에 있는 조직의 형태라고 볼 수 있다. 조직 내에서 변화가 일어나기 위해서는 다양한 조건이 필요하겠지만, 조직의 리더급 인사의 기존의 권위적인 수직적 조직문화에 벗어나 상호교류적인 수평적 조직문화로 커뮤니케이션 방식이 달라져야 한다. 이러한 측면에서 러닝퍼실리테이터는 조직 구성원과의 의사소통을 보다 수평적으로 이끌고 변화를 이끌기 위해 학습을 독려하는 방식의 리더십 행동을 한다고 볼 수 있다. 이러한 맥락에서 러닝퍼실리테이터는 학습장면뿐만 아니라 조직디자인이나 조직개발의 측면에서도 활용될 수 있는 것이다.

수평적 조직 구조와 개인의 참여가 점점 중요해지면서 퍼실리테이션의 응용분야는 기업, 정부, 비영리조직을 막론하고 점점 **빠**른 속도로 확대되고 있다.

조직은 그 발전과정에서 다양한 문제 상황에 직면할 수 있다. 가령 단기적으로 당장 발등에 떨어진 문제를 해결해야 하고 신속히 의사결정을 해야 하거나, 기존의 품질과 서비스에 대한 고객 불만을 해소할 수 있도록 품질 개선를 해야 하거나, 중장기적으로 새로운 비즈니스 모델을 개발해야 하거나, 새로운 비전 및 전략을 수립해야 하는 끊임없는 변화에 직면하게 된다. 따라서 참여형 리더의 개발로 참여적 조직문화를 형성하는 것이 필요하다. 참여적 조직문화를 만들기 위해서는 '퍼실리테이터'형 리더십(facilitative leadership), 즉 참여형 리더의 개발이 필요하다. 조직문화 형성에는 리더의 역할이 결정적이기 때문이다.

내부 구성원들이 아무리 변화를 바란다고 해도, 또는 변화를 위한 방안이 수립된다고 하더라도, 리더가 변화의 필요성을 인식하지 못하거나 변화에 대한 의지가 약하다면 변화활동은 추진되기 어렵다. 전통적으로 강조되던 조직 리더들의 역할은 구성원들의 일이 바르게 되도록 관리에 집중하는 '매니저' 역할, 올바른 것을 하게 하고 비전을 제시하며 혁신에 집중하는 '리더' 역할이었다. 조직 변화를 위한 리더로서 조직의 최고경영자는 명확하고 믿을 만한 비전을 분명하게 제시하며, 변화에 대한 개인적인 에너지와

솔선수범하는 모습을 보여 줌으로써 변화를 촉진할 수 있다. 또한 매니저로서 리더는 변화를 실행하는 데 필요한 자원을 제공하고 새로운 행동을 강화하기 위한 보상을 제공함으로써 변화를 지원한다.

그러나 참여적 조직문화 개발을 위해서는 이 외에도 집단의 지혜를 끌어내고 구성원들이 주도적으로 일할 수 있도록 프로세스 관리에 집중하는 '퍼실리테이터'형 리더의 역할이 추가되어야 한다. '퍼실리테이터'형 리더는 집단의 경험과 지혜에 무게를 두며, 조직의 파워는 다양한 관점에서 나온다는 것을 알고 있다. 따라서 '퍼실리테이터'형 리더는 조직개발의 계획 수립과정에서 구성원들의 상호작용이 활발하게 이루어지도록 하여 변화를 위한 창의적이고 혁신적인 아이디어들이 도출되도록 한다.

'퍼실리테이터'형 리더는 협력을 이끌어 내는 방법으로서 도구들을 활용하여 구성원들이 효과적으로 의사결정을 할 수 있도록 돕고, 의사결정을 한 것에 대하여 구성원들이 주인의식을 갖도록 한다. 변화활동의 실행과정에서도 퍼실리테이터들은 구성원들이 서로의 지식과 경험의 공유를 통해 학습하도록 촉진하고, 업무를 지원하여 창조적인 성과를 이끌어 내도록 할 수 있다.

성공적인 조직 변화를 이루는 데 가장 확실한 것은 참여를 유도하는 것이다. 계획 수립과 의사결정에의 참여는 구성원들에게 주인의식을 이끌어 낸다. 주인의식은 구성원들이 기꺼이 조직을 위해 열정을 다하게 하는 조건이다. 그러한 조건 속에서 구성원들은 자신과 조직 간의 상호 의존성을 느끼게 되며, 이를 통해 조직과 구성원 간의 신뢰관계가 형성된다. 이를 가능하게 하는 조직의 엔진이 바로 퍼실리테이션이다.

퍼실리테이션은 구성원들이 자신만의 시각에서 벗어나 전체를 보도록 함으로써 조직의 갈등을 해소하고 협력을 조장하게 한다. 이러한 조직 변화는 창의적인 아이디어 도출, 구성원들의 공감과 합의 형성, 자기주도적인 변화를 이끌어 내는 프로세스, 참여를 통한 실행력 강화의 기반 위에 전개된다. 그런데 성공적 조직 변화를 위해서는 어떤 방법을 활용하여 참여를 이끌어 낼 것인가도 중요하지만, 참여적 조직문화를 만드는 것도 중요하다.

전 세계적으로 조직발전의 걸림돌이 되는 것은 조직의 경직성, 수직성, 복지부동성으로 대표되는 관료적 특성이다. 발 빠른 변화와 개방을 거부하는 수직적이며 폐쇄적인 관료제 조직을 수평적이며 개방적인 조직으로 바꿀 수만 있다면 그야말로 가장 경쟁력 있는 조직이 될 것이다. 따라서 지식기반시대에서 가장 경쟁력 있는 조직은 관료조직과 대칭의 끝단에 위치하고 있으며 때로는 '지식창출조직'이라는 말로도 불리는 '학습조직'이다.

혁신의 대표적인 기업으로 불리는 GE에서 거대한 관료조직을 타파하기 위하여 액션러닝을 도입하여 성공한 사례를 알고 있다면 액션러닝이 기존의 관료적 성향을 가진 기업을 새로운 조직의 미래 비전이라고 할 수 있는 학습조직으로 변화시킬 수 있는 강력한 도구가 될 수 있을 것이라고 자연스럽게 짐작할 수 있다. 일반적으로 공무원 조직과 같은 공공기관이 기업에 비하여 관료적 성향이 높으며 기업에서도 제조업이 서비스업에 비하여 학습조직의 경향이 낮다는 점은 모두가 인정하는 사실이다. 특히 주목해 야 할 점은 대학을 포함한 학교조직이 학습조직과 반대되는 조직 의 성향을 강하게 나타내고 있다는 사실이다. 이러한 사실은 '어떤 조직이 조직혁신의 대상이 될 수 있을까?'를 그려 볼 수 있는 대목 이다. 또한 연령적인 측면에서는 나이가 많은 구성원으로 이루어 진 조직이 나이가 적은 조직에 비해 새로운 학습과 변화에 더딘, 반 학습조직의 성향을 나타낼 것이라는 가정도 해 볼 수 있다. 대 체로 나이가 들수록 사고의 개방성이 떨어지고 새로운 것에 대한 거부가 높은 경향이 있을 것이라고 판단할 수 있다. 이러한 맥락 에서 학습조직이란 도대체 무엇이며 학습조직을 액션러닝이라는 도구를 사용하여 어떻게 만들어 갈 것인가에 대하여 고민해 보자.

학습조직에 대한 논의는 기존의 전통적인 교육과 달리 구성원 전원의 연대 학습, 즉 조직학습 과정을 통한 조직 변화를 지향하 는 새로운 관점을 기반으로 하고 있다. 기존의 산업사회와 같은 철저한 관리 및 통제, 수직적인 조직 구조는 발전에 장애가 될 수 도 있다는 인식을 기반으로 한다.

이에 대한 개념으로는 Senge(1990)가 제시한 내용이 주로 인용 되고 있는데, 그는 학습조직을 "구성원들이 진정으로 원하는 요구 를 끊임없이 창출시켜 주는 조직, 집단적인 열망으로 가득 찬 조 직, 종업원들이 함께 학습하는 방법을 지속적으로 학습하는 조직" 이라고 정의하고 있다.

Senge의 정의가 조직 구성원의 관점에서 조직에 대한 이상적 기대를 표현한 것이라면, Marquardt와 Reynolds(1994)는 학습조직을 "강력하고 집합적으로 학습하며 조직의 성공을 위해 정보와 지식을 보다 잘 수집하고 관리하여 이용할 수 있도록 지속적으로 변화하는 조직"이라고 정의하여 조직의 능동적인 학습과 이를 통한 변화에 초점을 맞추고 있다.

국내 연구에서는 박광량(1994)이 학습조직을 "늘 새로운 학습을 일상적으로 되풀이함으로써 위기 상황이든 아니든 관계없이 자기변화가 신속하고 효과적으로 일어날 수 있는 조직의 상태"로 설명하고 있으며, 유영만(1995)은 학습조직을 "조직 내외적으로 정보를 발굴, 입수하여 조직의 전 구성원이 공유함은 물론 일상적 업무활동에 적용함으로써 급변하는 경영환경에 대한 대처 능력과 국제경쟁력을 향상시켜 조직 자체의 성장·발전 능력을 배가시킬 수 있도록 지속적인 학습활동을 전개하는 조직"이라고 정의하고 있다.

결국 학습조직에서는 수평적이고 열린 시스템하에서 공동의 목적을 향한 '유기체적이고 체제적인 조직' 구성이 핵심이 된다. 어떤 조직이든 그 조직이 비전과 목적을 향해 역동적이고 다양하며 유기적인 특성을 가진 시스템으로서 스스로를 자각할 수 있는 역량을 지니고 있을 때 '학습조직'이 된다. 결국 학습조직이란 전체적인 비전 및 목적 달성을 위해 총체적인 정보를 공유하고 새로운 지식을 창출해 내는 '열린 조직'을 의미한다.

학습조직의 유사개념으로 지식경영을 들 수 있다. 학습조직이 총체적 관점에서 개인학습과 조직학습을 연결시키는 열린 조직과 의사소통의 이상적인 틀의 구축에 중점을 둔다면, 지식경영은 그러한 틀 속에서 가치 있는 지식을 규정하고 포착하고 생성하고 전파하는 일련의 지식관리 시스템 마련에 초점을 두고 있다는 점에서 차이가 있다.

지식경영이란 사회에서 급격히 생산·변화·유통되고 있는 지식영역을 규명 및 명세화하고 이를 필요로 하는 사람이 필요한 장소에서 적시에 창출된 지식을 활용함으로써 미시적으로 기업 내 업무 성과를 극대화시키고 거시적으로는 회사의 경쟁력을 제고시키는 경영활동이다. 즉, 주요한 핵심지식의 본질적 특성과 이에 대한 정확한 이해, 그리고 이러한 지식이 창출·축적·공유·활용될 수 있도록 촉진하고 지원하는 경영관리 측면에 대한 이해가 지식경영의 핵심이 된다. 결국 학습조직과 지식경영은 동전의 양면이라 볼 수 있다.

학습조직에 대한 빠른 이해를 높이기 위해서 학습조직이 아닌, 즉 학습조직과 대칭이 되는 조직의 개념을 이해해야 한다. 학습조직과 대칭되는 개념은 관료조직이다. 관료조직은 자체의 엄격한 규칙에 의해 지배되는 조직으로, 환경 변화에 대해 재빠른 변화가 일어날 수 없는 조직이다. 이러한 관점에서 보면 기존의 학교로 대표되는 교육체제는 관료적 특성을 띠고 있어 환경 변화에 수동적이며 변화 자체가 좀처럼 일어나지 않는, 말하자면 지식기반사회의 하나의 조직 차원의 새로운 이상향으로 볼 수 있는 학습조직의 특성과는 거리가 먼 것이라고 할 수 있다.

2. 창업·창직 개발 조성자로서 러닝퍼실리테이터

기존에 존재하지 않는 새로운 무엇을 만들어 내어서 지속적으로 사회의 커다란 변화를 이끌어 내는 능력을 앙트러프러너십(Enterpreneurship)이라 할 수 있다. 여기서 '새로운 무엇'에서 무엇이란? 물론 눈에 쉽게 보이는 새로운 물건, 도구, 하드웨어를 말할 수도 있지만, 눈에 띄지 않는 형태로 새로운 직업, 새로운 회사(company, 트렌디한 용어로 start-up)도 포함된다. 따라서 새로운 직업, 즉 창직과 새로운 형태의 회사인 혁신 창업(start-up)을 만들어 내기 위해서는 앙트러프러너십이라는 능력을 개발해야 한다.

그러면 '어떻게 하면 이러한 앙트러프러너십 역량을 개발할 수 있을까?' '어떤 과정과 흐름 또는 활동을 통해 앙트러프러너십이 길러질까?'라는 의문에 대한 답이 나오고, 그 과정을 효과적으로 밟아갈 수 있도록 도와주는 기능 또는 지원이 이루어지면 역량은 개발될 수 있다. 이때 도와주는 기능을 하는 이가 러닝퍼실리테이터라고 볼 수 있다. 박수홍 등(2019)은 '① 공감적 문제 발견 → ② 창의적 원인 분석 → ③ 혁신적 솔루션 개발 → ④ 비즈니스 모델 개발 → ⑤ 실천계획서 작성 → ⑥ 핵심 솔루션에 대한 래피드 프로토타입 제작 → ⑦ 사회적 파급 이끌기'라는 일곱 가지 과정을 제시하였다. 일곱 가지 과정에 대한 이해와 더불어 각 과정의 활동 상황에서 러닝퍼실리테이터가 무엇을 지원할 수 있을 것인지를 고민하면 될 것이다. 물론 제시된 하위과정은 상황에 따라 바뀔 수 있다. 가령, 핵심 솔루션에 대한 래피드프로토타입을 먼저 개 발하고, 실천계획서를 뒤에 작성할 수도 있다고 본다. 또한 부가 적인 과정을 추가할 수도 있다. 가령 창의적 원인 분석 후에 원인 의 수가 너무 많아서 전체적인 패턴을 이해하기가 힘들 때는 명료 화 과정을 추가할 수도 있고, 혁신적 솔루션 개발 후 솔루션의 수 가 많아서 솔루션의 우선순위을 알아보기 위한 과정을 추가할 수 도 있다. 이를 위해 체계적 액션러닝(박수홍 외, 2010)을 참조해 주 길 바란다.

1) 공감적 문제 발견

개개인은 각자가 경험하는 삶의 다양한 상황 속에서 인식 여하 를 불문하고 많은 문제에 직면하며 이들을 각자 나름의 삶의 방식 과 태도에 따라 처리하고 있다. 문제는 생활 습관에 따라 자동적 으로 처리가 이루어지는 것이 있는가 하면 그에 대한 개인적 반 응양식의 차이에 따라 다양한 사고의 수준에서 인식되고 처리되 는 보다 복잡한 것도 있다. 개인적 삶의 문제를 해결함으로써 개 개인은 각자 나름으로 다양한 삶의 모습을 유지하고 있다. 개인적 수준에서 창의성을 발휘한 것들은 대개 개인적 생활의 개선을 가 져올 수 있으나 전반적인 사회적 변화로 이어지는 것과는 차이가 있다. 즉, 창의적 변화의 개인적 수준과 사회적 수준의 차이는 결 국 문제 인식자의 인식 범주에 기인한다고 할 수 있다. 한 개인 수 준에서의 문제 인식이냐 또는 사회적으로 다수가 공감하는 문제

인식이냐 하는 것은 그 문제해결의 영향력에서 큰 차이를 보일 수
밖에 없다. 따라서 사회적 변화를 유인하고자 하는 앙트러프러너
십 발현의 과정에서는 공감적 문제 발견이 필수적인 요소이다.

2) 창의적 원인 분석

문제의 원인을 분석하면서 우리는 비로소 문제에 대해 심층적
이며 근원적인 이해를 하게 된다. 이 단계의 활동이 단순한 원인
분석이 아니라 창의적 원인 분석이라는 것은 눈에 보이는 피상적
인 원인들을 나열하는 것을 넘어서는 문제의 근본적 원인에 대한
분석이 필요하기 때문이다. 이를 위해서는 팀에서의 심도 있는 논
의와 함께 필요한 지식기반을 구축하는 활동이 필요하며, 현장방
문 및 문제에 대한 이해당사자와의 인터뷰 등의 적극적인 탐색활
동이 필요하다.

논의의 과정에서 활용할 수 있는 방법에는 여러 가지가 있겠지
만 팀 활동에서 바로 원인에 대한 반복적 질문을 통해 다양한 문
제의 원인을 찾도록 하는 앙트러프러너십의 핵심은 공감적 문제
해결을 실현하는 실천적 창의성에 있다. 발견한 문제를 해결하는
창의적 방법은 그 문제의 원인을 어떻게 분석하는가에 있다고 해
도 과언이 아니다. 즉, 창의적 문제해결은 문제에 대한 창의적 원
인 분석에서 시작되는 것이다. 원인에 대한 깊이 있는 분석이 이
루어지지 않은 상태에서의 해결책은 피상적인 경우가 많아 그것
을 통한 사회적 변혁을 기대하기는 어려울 것이다.

3) 혁신적 솔루션 개발

혁신적 솔루션 개발은 원인 분석을 통해 문제에 대한 충분한 이해에 도달한 후 문제를 해결하기 위한 방안을 도출하는 단계이다. 여기서는 실현 가능한 창의적인 아이디어를 도출하기 위해 브레인스토밍이나 NGT와 같은 다양한 아이디어 도출방법을 활용한다. 그리고 다양한 아이디어가 도출되면 유형별로 분류한 후 팀 토의를 통해 시급성, 효과성, 실현 가능성 등을 고려하여 최종 해결안을 결정하는 것이다.

그런데 여기서 이야기하는 최종 해결안이 비즈니스 모델로 성공하기 위해서는 기존의 해결안들과는 차별성이 있어야 한다. 따라서 기존의 솔루션에 대해 조사하고 이들과 차별화된 해결안을 제시할 수 있도록 해야 한다.

4) 비즈니스 모델 개발

앙트러프러너십의 핵심은 혁신적 아이디어(창조성)를 토대로 새로운 결합체를 만들어 내는 실천력에 있다. 아이디어가 실제로 구현되기 위해서는 실행에 영향을 미치는 시스템적 요소를 전부 고려한 전체 밑그림이 필요하다. 이 구상도는 실행하고자 하는 핵심목표와 실행방법, 예상 결과뿐만 아니라 인적·물적 자원 및 내적·외적 장단점을 모두 고려한 밑그림이여야 한다.

비즈니스 모델 캔버스는 Osterwalder와 Pigneur(2011)가 『비즈

니스 모델의 탄생(Business Model Generation)』이라는 저서에서 제
시한 모델링 방법론으로 '기업이 어떻게 수익을 창출해 내는지에
관한 원리를 9개의 블록을 이용하여 설명하는 설계도'이다. 비즈
니스 모델 캔버스는 단 한 장으로 비즈니스 핵심을 구상할 수 있
고, 공유와 수정이 쉬워 사업 초기 구상에 용이한 도구이다.

5) 실천계획서(액션플랜) 작성

실행의 전체 밑그림이 그려졌으면, 해결책의 우선순위에 따라
구체적인 실천 계획을 수립해야 한다. 액션플랜을 작성할 때에는
사전-실행-사후 단계별로 구체적인 계획을 작성한다. 사전단계
는 기반 및 환경 조성으로 문제해결을 위한 준비단계이다. 사전
설문조사를 통한 정보수집과 핵심 이해관계자의 동의를 구하는
등의 계획이 필요하다. 실행단계는 문제해결 방안을 순서대로 계
획한다. 사후단계는 성찰을 통해 좋았던 점, 아쉬운 점, 나아갈 방
향에 대해 논의하고 기록하여 피드백할 수 있도록 한다.

액션플랜을 수립할 때에는 실행 주체와 무엇(what)을 왜(why),
누가(who), 언제(when), 어떻게(how), 어디서(where) 할 것인지를
명확히 지정해야 실행력이 높아진다. 또한 누구라도 보고 그대로
실행할 수 있도록 상세하게 작성되어야 한다. 단위활동별, 과업단
계별로 갠트 차트를 사용하는 것도 효율적이다.

6) 래피드프로토타입 제작

창의적 아이디어를 기반으로 공감적 문제를 해결해 줄 수 있는 솔루션(제품/서비스)을 누구든지 쉽게 이해할 수 있는 거칠지만 가장 단순한 형태(즉, 래피트프로토타입)로 만들어 내는 것이 중요하다. 왜냐하면 이것을 통해 사용자 또는 전문가들에게 피드백을 쉽게 받을 수 있거나, 예비 고객의 반응을 용이하게 받아낼 수 있기 때문이다. 따라서 무리 없이 래피드프로토타입을 만들어 나가도록 하는 것이 러닝퍼실리테이터의 주 과업이 될 수 있다.

앞단계에서 실행 계획을 세웠으면 빠른 시간 내에 고안한 제품과 서비스의 시안을 만들어 테스트해 봐야 한다. 개발 초기에 아직 구체화되지 않은 제품이나 서비스의 사용성 이슈를 검토하기 위해 견본(프로토타입)을 보여 주고 피드백을 반영하여 다시 재설계하는 과정을 반복하는 것을 프로토타이핑이라고 한다. 프로토타이핑은 팀원과 고객 간의 아이디어와 소통을 돕고, 설계 중인 모델의 효과를 검증받음으로써 시간과 노력을 절감하고 시행착오를 줄이는 좋은 방법이다.

프로토타이핑을 할 때는 처음부터 구현 충실도를 높이려 하지 말고 낮은 단계에서 재빠르게 하는 것이 중요하다. 프로토타입의 종류로는 Lo-fi(low fidelity, 낮은 충실도)의 저수준 프로토타이핑으로 스케치, 페이퍼 프로토타입, 와이어프레임, 스토리보드, 시나리오 등이 있고, Hi-fi(High fidelity, 높은 충실도)의 고수준 프로토타이핑으로 디지털 프로토타입이 있다.

7) 사회적 파급 이끌기

앙트러프러너가 자신이 발견한 공감적 문제에 근거하여 그 문제에 상응하는 혁신적인 솔루션에 대한 아이디어를 고안하고, 그것을 여러 사람이 관찰하고 평가할 수 있는 가시적인 구현물로 만들어서 그것을 토대로 사업계획서를 만들었다면, 최종적으로 그 솔루션의 사회적 파급을 이끌어 내야 한다. 어쩌면 첫 번째 단계인 여러 사람이 공감할 수 있는 문제에서 출발한 것이 사회적 파급을 이끌어 내는 첫걸음일 수 있다.

하지만 프로토타입을 만든 후 그에 따른 비즈니스 모델이 대중의 관심을 사고 쓰고 싶은 마음이 들게 하기 위해서는 실제 만들어서 시장에 내놓는 것이 중요하다. 아이디어를 실현하기 위한 첫 단추로는, 투자자(혹은 소액 투자자, 즉 크라우드 투자자)들이 투자하고 싶은지 여부를 알아보아야 한다. 관심이 있는 투자자가 많아서 원하는 투자자금이 생기면, 본 게임으로 생산, 유통, 판매라는 사회적 파급을 이끌게 된다. 즉, 투자자금을 확보할 수 있는지 여부가 곧 앙트러프러너십의 마지막 과정인 사회적 파급을 이끄는 시그널이 되는 것이다.

투자자금을 확보하는 데는 엔젤투자자, 가령 가족, 친구로부터 자금을 얻는 방법, 다양한 펀딩조직에 사업계획서를 공식적으로 제안해서 투자금을 얻는 방법 등이 있겠으나, 이 책에서는 크라우드 펀딩 사이트에 제안해서 자금을 확보하는 방법을 활용할 것을 제안한다. 따라서 이 과정에서 러닝퍼실리테이터의 기능이나 역할은 크라우드 펀딩 사이트에 성공적으로 론칭하기 위한 지원활동(Learning by Doing)이 될 것이다. 즉, 이 과정에서 러닝퍼실리테이터의 사전활동으로는, 우선 크라우드 펀딩의 개념, 크라우드 펀딩 과정, 효과적인 펀딩 성공 전략을 숙지하여 이에 근거한 효과적인 러닝퍼실리테이터 역할을 익히는 것이 될 것이다.

책을 마치며

사람이 일반 동물과 다른 여러 가지 중 하나는 지혜를 기록으로 남길 줄 안다는 것이다. 이것을 다른 말로 암묵지(tacit knowledge)를 명시지(explicit knowledge)로 만드는 과정이라고도 한다.

우리는 이것을 항상 생각하고 있었기 때문에 우리의 조그마한 경험과 지식이라도 기록으로 남겨 다른 사람들에게 도움을 주고자 하는 마음을 가질 수 있었다. '창의적 인적자원개발을 위한 러닝퍼실리테이터 입문'이라는 제목으로 책을 쓰기로 마음을 먹은 것도 이러한 생각의 발로이다.

이러한 마음으로 처음 시작할 때는 큰마음을 먹고 자신감 있게 글을 쓰기 시작하였지만, 마무리 단계에서 생각해 보면 막상 시작할 때와는 달리 글을 쓰면서 우리가 가지고 있는 지식과 경험이 일천하여 마음대로 자신 있게 쓰지 못하였고 글을 쓰는 과정 과정마다 어려움을 겪었음을 고백한다.

그럼에도 불구하고 책을 출판하고자 마음먹은 것은 부족하지만 이만큼이라도 글을 써서 사회에 내놓아야 우리보다도 더 어려운 여건에 있는 분들에게 조금이라도 도움이 되지 않을까 하는 생각에서이다.

이 책이 비록 독자 여러분이 러닝퍼실리테이터가 되도록 지원하는 완벽한 지침서는 되지 못하더라도, 러닝퍼실리테이터가 무엇인지를 이해하는 데 조금이라도 도움이 되는 입문서로 자리매김할 수 있기를 욕심내어 본다.

책을 읽는 과정에서 어려움이 있다면 독자 여러분께서 표현력이 부족한 저자들을 너그러이 양해해 주시기를 바라며, 진정으로 러닝퍼실리테이터가 되기를 원하신다면 책을 읽는 것에 그치지 말고 실제 러닝퍼실리테이터 교육과정에 참여하여 Learning by Doing을 하시기를 권유한다.

마지막으로, 이 책을 출판할 수 있도록 승인해 주신 학지사 김진환 대표이사님께 감사의 말씀을 드리면서 글을 맺는다.

공동저자
홍진용 · 박수홍 · 김두규

평가방법 예시문

평가자:

1. 자기평가

각 학습자들은 아래의 4개 분야에 대해 자신이 수행한 사항에 대해 진솔하게 생각하고 동료들에게 말한다.

구분	평가분야	내용 기술
학습수행 준비 단계	주어진 상황에 관하여 자신이 도출한 과제가 적절하였는가?	
	학습과제의 선정은 적절하였는가?	
	학습자원의 선정은 적절하였는가?	
학습수행 단계	적합한 학습자원을 찾아서 활용하였는가?	
	수행한 정보의 범위와 질적 수준이 적합하였는가?	
	수행한 정보가 정확하고 내용이 좋았으며 적합한 것이었는가?	
	학습과제를 다시 정리할 때 다른 학습자들의 정보와 얼마나 조화롭게 잘 이루었는가?	
학업의 성취도	주어진 상황에 대한 자신의 이해와 지식이 얼마나 늘어났는가?	
학습 팀 구성원으로 서의 기여도	팀 요원들 간에 대인관계는 어떠하였는가?	
	학습과제를 해결하면서 팀 활동에 얼마나 기여하였는가?	
	팀 토의에 얼마나 도움이 되었으며 기여하였다고 생각하는가?	
	다른 학생들을 도와주었는가?	
	팀의 일을 적절히 분담하였는가?	
	너무 조용하거나 너무 나서지 않았는가?	

〈자기평가에 대한 동료들의 피드백〉

자기평가를 들은 나머지 동료가 자신이 생각하고 있는 진솔한 내용을 포스트잇에 기록하여 피드백을 준다.

2. 동료평가서(학생용)

평가 대상자: (   )조

과제 제목:

평가일: 년   월   일

○ 이번 참여형 수업에서 이루어진 동료의 수행을 평가하여 자신
의 생각과 일치하는 곳에 ✔ 표 하십시오.

※ 항상 그렇다(5점), 대체로 그렇다(4점), 때때로 그렇다(3점), 드물
게 그렇다(2점), 그렇지 않다(1점)

평가항목	항상 그렇다	대체로 그렇다	때때로 그렇다	드물게 그렇다	그렇지 않다
1. 시간을 잘 지켰다.					
2. 팀 내에서 맡은 역할을 충실하게 수행하였다.					
3. 토론에 적극적으로 참여했다.					
4. 학습과제를 충분히 공부해 왔다.					
5. 발표를 충실하게 준비해 왔다.					
6. 참고문헌을 폭넓게 활용했다.					
7. 자신의 생각을 적절하게 표현했다.					
8. 동료의 이야기를 주의 깊게 들었다.					
9. 토론이 생산적으로 이루어지는 데 기여했다.					
10. 팀의 분위기를 원활하게 만드는 데 기여했다.					
11. 자신이 학습한 내용을 동료들과 공유하려고 노력했다.					
12. 다른 동료들의 학습에 도움을 주었다.					

○ 학습자이자 팀의 일원으로서 이 동료의 강점은 무엇이라고 생
각하십니까?

○ 이 동료가 더 좋은 학습자이자 팀의 일원이 되는 데 도움이 될
수 있는 말을 적어 주십시오.

3. 교수자 관찰평가

가. 과목: 나. 과제 제목:

다. 활동조 명 / 모임횟수: /

라. 일자: 년   월   일   요일

마. 책임 러닝퍼실리테이터 :

바. 시작시간 / 마침시간: /

사. 학생 출결 사항

   - 결석: - 지각:

아. 공지사항:

자. 수업 관찰 결과

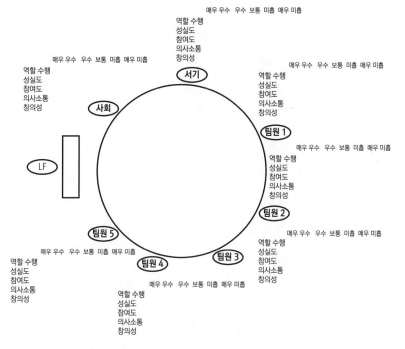

차. 수업 총평:

참고문헌

강인애(2003). PBL의 이론과 실제. 서울: 문음사.

고수일, 김형숙, 김종근(2009). 회의에 날개를 달아주는 퍼실리테이션 스킬. 서울: 다산서고.

교육심리학회(2000). 교육심리학용어사전. 서울: 학지사.

구본혁(2015). MOOC를 활용한 플립러닝의 효과성 분석. 공주대학교 대학원 석사학위논문.

김남익, 전보애, 최정임(2014). 대학에서의 거꾸로 학습(Flipped learning) 사례 설계 및 효과성 연구. 한국교육공학회, 30(3), 467-492.

김두규(2010). 현장체험기반 u-PBL 교수지원체제 모형 개발. 부산대학교 대학원 박사학위논문.

김미정, 유영만(2003). 액션러닝과 조직변화. 서울: 교육과학사.

김연경(2016). 대학수업을 위한 활동이론 기반 플립드 러닝(flipped learning) 수업모형 개발. 중앙대학교 대학원 박사학위논문.

김연경(2016). 온라인 학습에서 몰입관련 요인, 몰입수준, 학업성취 간의 관계 분석. 서울대학교 대학원 석사학위논문.

김영정, 정상준(2005). 비판적 사고의 9요소와 9기준. 대한토목학회지, 53(11), 217-225.

김평식(2016). 수학학원 플립러닝에 대한 중·고등학생의 만족도와 요구도.

연세대학교 대학원 석사학위논문.

나승일(2004). 대학에서의 효과적인 교수법 가이드. 서울: 서울대학교출판부.

류영호(2008). 공학설계교육 개선을 위한 캡스톤디자인 교수활동 지원 모형 개발. 부산대학교 대학원 박사학위논문.

민혜림(2018). 플립러닝 수업에 대한 학습실재감이 학습성과에 미치는 영향. 연세대학교 대학원 석사학위논문.

박광량(1994). 학습조직의 측정과 구축에 관한 연구. 경영연구, 18, 63-91.

박수홍, 안영식, 김두규, 홍광표(2011). 정부의 광역 경제권 정책변화에 따른 지역의 인적자원개발 역량 육성 방안: P광역시를 중심으로. 직업교육연구, 30(1), 313-340.

박수홍, 안영식, 정주영(2005). 핵심역량강화를 위한 체계적인 액션러닝 프로그램 개발. 한국교육정보미디어연구, 11(4), 95-124.

박수홍, 이정아, 홍광표(2008). 대학미술수업에서 팀 역량 강화를 위한 블렌디드 액션러닝 프로그램 개발. 교육공학연구, 24(2), 73-106.

박수홍, 정주영, 류영호(2008). 창의적 공학교육을 위한 캡스톤디자인(Capstone Design) 교수활동지원모형 개발. 수산해양교육연구, 20(2).

박수홍, 안영식, 정주영(2010). 조직 및 지역의 창조적 변화를 이끄는 체계적 액션러닝. 서울: 학지사.

박수홍, 조영재, 김미호, 문영진, 김효정, 배진호, 오동주, 배유나(2019). 기업가 정신 NO 앙트러프러너십 YES. 서울: 학지사.

방진하, 이지현(2014). 플립드 러닝(Flipped Learning)의 교육적 의미와 수업 설계에의 시사점 탐색. 한국교원교육학회, 31(4), 299-319.

부산시교육연수원(2008). e-PBL 직무연수교육 교재. 부산: 부산시 교육연수원.

서울대학교의학교육연수원(2007). 제8차 PBL Tutor Training Workshop. 서울: 서울대학교의학교육연수원.

서정돈, 안병헌(2005). 하워드 배로우스의 문제중심학습법. 서울: 성균관대학교출판부.

안덕선(2005). 의학교육과 자기주도적 학습. 명강의를 위한 교수법 자료집. 부산대학교 교수학습지원센터.

유영만(1995). 지식 경제 시대의 학습 조직: 한국 기업 의 학습 조직 구축 방안. 서울: 삼성인력개발원.

이민경, 성민경, 정주영, 김순미, 김재현, 안현효, 박호관, Travers, Patrick, 변상출, 배도용, 이규환, 김수철, 차정호, 김은정, 김강연, 이행자, 김선연, 김창숙(2016). 플립러닝 이해와 실제. 경기: 교육과학사.

이재열, 이주영, 김재필(2005). 서울대학교 시니어 캡스톤 프로그램 연구보고서. 서울대학교.

이재환, 고민경(2007). 21세기 유아를 위한 Wiz 감성교육학. 경기: (주)위즈코리아-위즈아일랜드 감성놀이연구소.

이종연, 박상훈, 강혜진, 박성열(2014). Flipped learning의 의의 및 교육환경에 관한 탐색적 연구. 한국디지털정책학회, 12(9), 313-323.

이희원(2006). Capstone Design 교육의 교육목표와 수행과정. 지역특화산업연계 Capstone Design 교육과정 개발 보고서(pp.148-165).

장동영(2007). [창의적 공학교육이 국가의 미래다] (2)한국형 캡스톤디자인-서울산업대학교. 전자신문 보도자료, 제11면.

조영복, 박수홍, 곽선화(2005). Action Learning 프로그램설계. 부산: 예석.

중앙공무원교육원(2006). 제2기 Facilitator 역량개발과정. 과천: 중앙공무원교육원.

채홍미(2016). Facilitator 양성과정. 서울: (주)인피플컨설팅.

채홍미, 주현희(2015). 소통을 디자인하는 리더 퍼실리테이터. 서울: 아이앤류.

한국기업교육학회(2010). HRD 용어사전. 서울: 중앙경제.

한양대학교 산학협력중심대학 육성사업단(2006). Capstone Design 교육프로그램 소개. 한양대학교 홈페이지(http://capstone.hanyang.ac.kr/)

한형종, 임철일, 한송이, 박진우(2015). 대학 역전학습 온, 오프라인 연계 설계전략에 관한 연구. 한국교육공학회, 2015(1), 46-46.

홍진용(2007). 해군보수교육에 문제중심학습 적용방안. 해군교육발전지, 30.

홍진용(2009). PKNO(Problem-based Learning for Korea Naval OJT) 퍼실리테이터 육성 프로그램 개발 연구. 부산대학교 대학원 박사학위논문.

홍진용, 박수홍, 김두규(2012). 문제중심학습기반의 퍼실리테이터 육성 프로그램 개발연구. 교육혁신연구, 22(1), 1-25.

홍진용, 박수홍, 우차섭, 김두규(2008). 지식창출형 e-PBL 지원시스템의 개념적 모형구안: 해군 e-PBL 지원시스템 중심으로. 정보교육학회, 12(4), 437-448.

Albanese, M. A., & Mitchell, S. (1993). Problem-based Learning: A review of literature on its outcomes and implementation issues. *Academic Medicine, 68*, 52.

Barrows, H. S., & Tamblyn, R. M. (1980). *Problem-based Learning: An approach to Medical Education.* New York: Springer.

Bekay Ahn(2011). 푼돈의 달변, 큰돈의 경청. 서울: 단열삼열.

Bergmann, J., & Sams, A. (2012). *Flip your classroom: Reach every student in every class every day.* NY: International Society for Technology in Education.

Bergmann, J., & Sams, A. (2015). 당신의 수업을 뒤집어라[*Flip Your Classroom*]. (임진혁, 이선경, 황윤미 공역). 서울: 시공미디어. (원저는 2012년에 출판).

Davis, G. A. (2004). *Creativity is forever.* Dubuque, Iowa: Kendall/Hunt Publishing Company.

De Bono, E. (2005). Six thinking hats. (송광한, 양성진 공역). 서울: 한울. (원저는 1985년에 출판).

Eggen, P. D., & Kquchak, D. P. (2001). Attempting to come to grips with alternative perspectives. *Educational Technology*, september, 12-15.

Evensen, D. H., & Hmelo, C, E. (2000). *Problem-based learning: A research perspective on learning interactions.* Mahwah, NJ: Lawrence erlbaum assocates.

Finkle, S. L., & Torp, L. L. (1995). Introductory documents (Available from the center for Problem-based Learning), Illinois Math and Science Academy, 1500 West Sullivan Road, Aurora, IL 660506-1000.

Forgarty, R. (1997). Problem-based learning & other currilum models for the multiple intelligences classroom. Arlington heights, IL: IRI SkyLight [online]. Available: Retrieved July 18, 2009. from http://www.samford.edu/ pbl/res_monographs. html.

Goleman, D. (1996). 감성지능 EQ 상. (황태호 역). 서울: 비젼코리아. (원저는 1995년에 출판).

Goleman, D. (1996). 감성지능 EQ 하. (황태호 역). 서울: 비젼코리아.(원저는 1995년에 출판).

Inglis, S. (1994). *Making the Most of Action Learning*. Aldershot, England.

Isen, A. M. (1991). The influence of positive and negative affect on cognitive organization: Some implications for development, In N. Stein, B. Leventhal, & T. Trabasso (Eds.). *Psychological and biological approaches to emotion*. Hillsdale, NJ: Erlbaum.

Johnson, L., & Renner, J. (2012). *Effect of the flipped classroom model on secondary computer applications course: student and teacher perceptions, questions and student achievement*. Unpublished doctoral dissertation. Louisville, Kentucky: University of Louisville.

Jonassen, D. H., & Grabowski, B. L. (1995). *Handbook of individual differences*. NJ: Lawrence Erlbaum Associates Publishers.

Kolb, D. A. (1984). *Experiential leaning: experience as the source of learning and development*. Englewood Cliffs, NJ: Prentice-Hall.

Kolb, D. A. (1985). *Learning-style inventory*. Boston: McBer & Company.

Kolb, D. A., Rubin, I. M., & Mcltyre, J. M. (1971). *Originational psychology*. Englewood Cliffs, NJ: Prentice-Hall.

Levin, B. B. (2001). *Energizing teacher education and professional development with Problem-based learning*. Alexandria, VA: Association for Supervision and Curriculum Development.

Levine, L. J. & Burgess, S. L. (1997). Beyond general arousal: Effects of specific emotions on memory. *Social Cognition, 15*, 157-181.

Marquardt, M. J. (1998). Using action learning with multicultural groups. *Performance Improvement Quarterly, 11*(1).

Marquardt, M. J., & Reynolds, A. (1994). *The global learning organization*. McGraw-Hill.

McGill, I., & Beaty, L. (1995). *Action learning: A practitioner's guide* (2nd ed.). London: Kogan Page.

Michalski, W. J. (1998). *40 Tools for Cross-Functional Teams*. Portland: Book Crafters.

Moore, P. D., Cupp, S., & Fortenberry, N. L. (2004). Linking student learning outcomes to instructional practices-phase i. Paper presented at the American Society for Engineering Education Annual Conference, Salt Lake City.

Murphy, P. D. (2003). Capstone experience. Retrieved January 3, 2004, from North Dakota State University Website: http://www.ndsu.edu/ndsu/accreditation/assessment/capstone_Experience.htm.

Osterwalder, A., & Pigneur, Y. (2011). *Business model generation: A handbook for visionaries, game changers, and challengers*. John Wiley & Sons.

Paul, R., Fisher, A., & Nosich, G. (1993). *Workshop on critical thinking strategies*. Foundation for Critical Thinking, Sonoma State University, CA. P.4.

Schmidt, H. G. (1993). Foundations of problem-based learning: Some explanatory notes. *Medical Education, 27*, 422-432.

Seipp, R. (1991). Eine neue Art der Gattung Phelsuma Gray. 1825 von Madagaskar (Reptilia: Sauria: Gekkonidae) Senckenb. *Biol, 71*(1/3), 11-14.

Senge, P. (1990). *The fifth discipline: The art and practice of the learnig organization*. New York: Doubleday.

Strayer, J. F. (2012). How learning in an inverted classroom influences cooperation, innovation and task orientation. *Learning*

Environments Research, 15(2), 171–193.

Toqeer, R. (2013). Flipped classroom concept application to Management and Leadership course for maximizing the learning opportunities. *The Business & Management Review, 3*(4), 137.

Wagenaar, T. C. (1993). The capstone course. *Teaching Sociology, 21,* 209–214.

Walton, H. J., & Mathews, M. B. (1989). Essentials of problem-based learning. *Medical Education, 23,* 542–558. Retrieved May 23, 2008, from http://cjcareer.cj.net/.

William, G. D. (2002). 팀 빌딩-현안문제와 새로운 대안[*Team building: Issues and alternatives*]. (강덕수 역). 서울: 삼성북스. (원저는 1987년에 출판).

https://www.bridgew.edu/sites/default/files/relatedfiles/ORID-discussion-method-6.3.14.pdf

위키피디아. ko.wikipedia.org

찾아보기

내용

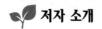 **저자 소개**

◑ 홍진용(Hong Jin Yong)

부산대학교 교육학 박사
전) 해군교육사령부 교육훈련부 교육정보화 연구관
   해군교육사령부 교육자원정보실 원격교육체계개발과장
현) LbD(엘비디)컨설팅 대표

〈저서〉
스마트폰 동영상으로 쉽고 재밌게 배우는 도예(공저, 한국문화사, 2016)

〈논문〉
문제중심학습 기반의 퍼실리테이터 육성 프로그램 개발 연구(공동, 교
   육혁신연구, 2012)
PKNO(Problem-based Learning for Korea Naval OJT)모형개발 연구(단
   독, 해군교육발전지, 2009)
PKNO(Problem-based Learning for Korea Naval OJT) 퍼실리테이터
   육성 프로그램 개발 연구(박사학위논문, 2009)
Kolb의 학습양식에 기반 한 팀 조직 지원 시스템 개발(공동, 한국정보교
   육학회, 2008)
해군보수교육에 문제중심학습 적용방안(단독, 해군교육발전지, 2007)
핵심역량기반의 인적자원개발과 한국 해군의 교육훈련 발전방향(단독,
   해군교육발전지, 2005)

〈러닝퍼실리테이터 관련 경력〉
2006년 퍼실리테이터(Facilitator) 연수과정 이수(중앙공무원교육원)
2007년 PBL Tutor Training Workshop 이수(서울대학교)
2009년 해군 PBL 퍼실리테이터 육성 프로그램개발 연구(박사학위)
2015년 해군 PBL 퍼실리테이터 연수교육 운영(해군교육사령부)
2016년 퍼실리테이터 양성과정 이수(서울 ㈜인피플 컨설팅)
2018년 플립러닝 전문가과정 이수(한국U러닝 연합회)
2018년 러닝퍼실리테이터 기본과정 연수교육, 팀빌딩과정 연수교육, 팀
   빌딩 및 토론촉진 통합과정 연수교육 주관 실시

◑ 박수홍(Park Su Hong)

미국 인디애나 대학교 교수체제공학 박사
미국 인디애나 대학교 켈리 비즈니스스쿨 경영학 박사(부전공)
전) 한국기업교육학회 회장
　　부산대학교 CTL 센터장
　　부산대학교 평생교육원 시니어 커리어 지도자 과정 책임교수
　　미국 Babson College 앙트러프러너십 교수자 최고위 과정 수료
현) 부산대학교 글로벌HR개발협력연구소 소장
　　한국기업교육학회 고문
　　부산 유비쿼터스IoT협회 부회장 및 HRD분과 위원장
　　부산대학교 교육학과, 사회적기업학 전공, 교육과 미디어 전공, 글로
　　　벌ICT정책학 전공 교수

<저서 및 역서>
4차 산업혁명 시대의 교육시스템 디자인(공저, Iamcoop, 2017)
술술 풀리는 PBL과 액션러닝(공저, 학지사, 2014)
내 생애 커리어 앵커를 찾아서(역, 학지사, 2014)
조직 및 지역의 창조적 변화를 이끄는 체계적 액션러닝(공저, 학지사,
　　2009)

<논문>
대학에서 SNS를 활용한 학습공동체 사례연구: 동료 튜터링의 학습자 경
　　험을 중심으로(공동, 학습자중심교과교육연구, 2017)
O2O기반 네트워크 조직학습모형의 설계(공동, 기업교육과 인재연구,
　　2017)
액션러닝을 활용한 취업캠프 개선방안: P대학 학습공동체 사례를 중심
　　으로(공동, 한국수산해양교육연구, 2017)
조직개발기법을 활용한 학교공동체 컨설팅 모형 개발(공동, 학습자중심
　　교과교육연구, 2017)
지식창조시대 교육디자이너의 앙트러프러너십 역량증진 프로그램 개발
　　의 출발점 분석(공동, 교육혁신연구, 2017)

Systems Design on a Team Learning Process Model(공동, 교육혁신연구, 2017)

벤처기업의 성공적 창업을 위한 창업교육 전략 개발(공동, 기업교육연구, 2017)

인간과 로봇의 협업을 위한 HRD 개입방안 연구(공동, 한국HRD연구, 2017)

국내 벤처기업의 창업 성공에 관한 연구동향 분석: 메타분석을 활용하여(공동, 벤처창업연구, 2015)

시스템 이론에 기반한 긍정탐색(appreciative inquiry) 프로세스 재구조화: 지속가능한 학교공동체 형성을 위한 방법론으로(공동, 한국산학기술학회논문지, 2017)

◑ 김두규(Kim Du Gyu)

부산대학교 교육학 박사
전) 부산대학교 교수학습지원센터 연구교수
　　미국 노스텍사스 대학교 방문연구교수
　　부산대학교 교육발전연구소 전임연구원
현) 부산 광일초등학교 교사

〈저서〉

인적자원개발을 위한 스토리 크리에이터 입문(공저, iamcoop, 2019)

E-Learning Systems, Environments and Approaches Theory and Implementation(공저, Springer, 2015)

〈논문〉

HRD(인적자원개발)를 위한 예비유아교사의 보육실습 실태 및 어려움에 대한 연구(공동, 교육혁신연구, 2018)

지역인적자원개발을 위한 학점은행제 성인학습자의 학습경험에 관한 질적연구(공동, 수산해양교육연구, 2018)

인적자원개발을 위한 예비교사들의 영유아, 교사, 원장에 대한 이미지

분석: 보육실습 전과 후를 중심으로(공동, 교육혁신연구, 2017)

예비교사들의 보육실습 경험에 대한 질적 연구: HRD(인적자원개발)을 중심으로(공동, 학습자중심교과교육연구, 2017)

A study on Improving Information processing Abilities based on PBL(책임, TOJDE, 2014)

문제중심학습 기반의 퍼실리테이터 육성 프로그램 개발 연구(공동, 교육혁신연구, 2012)

중소기업 중간관리자의 앙트러프러너십(entrepreneurship)역량증진 프로그램 설계(공동, 기업교육연구, 2012)

예비유아교사의 문제해결력 증진을 위한 블렌디드 PBL 프로그램 개발(공동, 교사교육연구, 2012)

정부의 광역경제권 정책 변화에 따른 지역의 인적자원개발 역량 육성 방안: P광역시를 중심으로(공동, 직업교육연구, 2011)

UCC 프로젝트 학습모형 개발(공동, 수산해양교육연구, 2010)

ICT 활용교육을 위한 Goal Based Scenario 교수·학습 방법 적용사례(공동, 교육공학연구, 2010)

현장체험기반 u-PBL 교수지원체제 개발(책임, 부산대학교대학원 박사학위논문, 2010)

지식창출형 e-PBL 지원시스템의 개념적 모형 구안: 해군 e-PBL 지원시스템을 중심으로(공동, 정보교육학회지, 2008)

창의적 인적자원개발을 위한

러닝퍼실리테이터 입문
Introduction to Learning Facilitator

2019년 5월 1일 1판 1쇄 인쇄
2019년 5월 10일 1판 1쇄 발행

지은이 • 홍진용 · 박수홍 · 김두규
펴낸이 • 김진환
펴낸곳 • (주)**학지사**

    04031 서울특별시 마포구 양화로 15길 20 마인드월드빌딩
대표전화 • 02)330-5114   팩스 02)324-2345
등록번호 • 제313-2006-000265호

홈페이지 • http://www.hakjisa.co.kr
페이스북 • https://www.facebook.com/hakjisa

ISBN 978-89-997-1828-1 93370

정가 14,000원

이 도서의 국립중앙도서관 출판시도서목록(CIP)은 서지정보유통지
원시스템 홈페이지(http://seoji.nl.go.kr)와 국가자료공동목록시스템
(http://www.nl.go.kr/kolisnet)에서 이용하실 수 있습니다.
(CIP 제어번호: CIP2019016324)

출판 · 교육 · 미디어기업 **학지사**

간호보건의학출판 **학지사메디컬** www.hakjisamd.co.kr
심리검사연구소 **인싸이트** www.inpsyt.co.kr
학술논문서비스 **뉴논문** www.newnonmun.com
원격교육연수원 **카운피아** www.counpia.com